# 땅의 운명

# 땅의 운명

초판 1쇄 발행  2024년 2월 12일

지 은 이  조  광
발 행 인  권선복
정   리  김영길
디 자 인  김소영, 서보미
전 자 책  서보미
발 행 처  도서출판 행복에너지
출판등록  제315-2011-000035호
주   소  (07679) 서울특별시 강서구 화곡로 232
전   화  0505-666-5555
팩   스  0303-0799-1560
홈페이지  www.happybook.or.kr
이 메 일  ksbdata@daum.net

값 33,000원
ISBN 979-11-93607-20-6  (13180)

도서출판 행복에너지는 독자 여러분의 아이디어와 원고 투고를 기다립니다. 책으로 만들기를
원하는 콘텐츠가 있으신 분은 이메일이나 홈페이지를 통해 간단한 기획서와 기획의도, 연락
처 등을 보내주십시오. 행복에너지의 문은 언제나 활짝 열려 있습니다.

# 땅의 운명

조광 지음

도서
출판 행복에너지

프롤로그

독일의 문호 괴테가 임종이 가까워지자 이렇게 말했다. '커튼을 걷어 달라. 하늘 좀 보게.'

이내 방금 전 시켜놓은 포도주 한잔으로 타들어가는 목을 적신 뒤, '이젠 그만 마시겠다'는 말을 남기고 그가 바라보던 하늘로 갈 수 있었다.

인간의 영적 세계는 명정한 호수에 산 그림자가 제 스스로 와서 비치듯 여여하게 드러내기에, 인간존재의 비밀은 모두 존재를 비치는 조명에 있다고 본 공자의 말씀을 괴테는 최후의 이 한마디, '이젠 그만 마시겠다'에다 담아내고 있다. 건너의 영적 세계를 보았던 걸까? 그만이 깨우치고 갔을 그 한마디의 이유는 물어도 우문이요 들어도 우답일 터이다. 산 그림자가 명경지수 위로 스스로 와서 비치듯 하다는 인간존재의 비밀을 찾아 나선다는 것 자체가 우매할지도 모른다. 그러나 인간은 '듣도 보도 못한 세계'에 대해 끊임없이 귀 기울이고 한시라도 눈을 떼려 하지 않는다. 그것을 '육'과 분리해 '영'이라는 애매한 말로써 얼버무리기도 하지만 한편 '그 무엇'을 무시할 수만은 없음을 누구나 인정하고 있지 않을까.

종종 우리는 이런다.

'뭔가가 있어.'

역사는 끊임없이 이 뭔가를 증명하려고 들었다.

어느 철학가(하이데거)는 이 문제를 이렇게도 풀었다.

"인간은 모든 것에 대해 근거를 주는 존재이면서도 그 자신은 근거 없는 심연 위에 놓여 있다."

그중 죽음과 관련된 문제들은 정답을 찾아보려는 노력으로 점철할 뿐 답을 얻어내지는 못하고 있다. 저승은 이승의 어느 것으로도 '이럴 것이다' 하고 가늠만 할 수 있을 뿐 언제나 문제제기로 남아있고 남겨질 것이다. 이러한 문제의식은 삶에 더 진지하면서도 애착을 갖게 하는 요소로 일상 생활을 통제 또는 지도하기도 한다.

죽음 뒤, 저 너머의 세상은 어떤 곳일까?

죽고 나면, 생생했던 이 몸은 어찌 되는 것일까?

불교에선 윤회로써 통제하고 있고, 기독교에선 구원이라며 지도하고 있다. 모두 사후 세계의 존재를 전제하며 사후 세계를 어떻게 대비하라고 가르치고 있다.

살면서 여느 누구보다도 삶에 대해 더 집착했었을 괴테가 임종을 앞두고 자기가 곧 갈 곳인 하늘을 보려고 했고 그 하늘은 명쾌한 대답을 주지 않고 끝내 포도주 잔을 내려놓게 하고 말았다. 그도, 어느 누구도 마찬가지였을 답을 내리며 이러지 않았을까?

'가 보면 알지.'

그러나 삶과 무관하지 않은 죽음에 대한 의문과 그 답을 내리려는 노력은 인간이 지구상에 나오기 시작하면서부터 줄곧 함께해왔다. 의문의 출발과 그에 대한 대답은 무엇을 우선으로 삼느냐에 따라서 사뭇 달랐다.

이 책에선 삶과 죽음 사이, 애매하지만 무시할 수 없는 '무언의 힘'을 풍수로써 풀어보려고 한다.

사람은 죽어 땅으로 돌아간다. 하기에 '땅에는 반드시 주인이 있다'로부터 풍수는 시작된다. 풍수는 땅이 한 인간의 삶과 죽음을 관장한다고 보고 있다. '사람은 남을 속이고 거짓말을 할 수 있지만, 자연은 절대 거짓을 행하지 않는다'는 믿음에서 출발하기 때문이다. 이러한 바탕에서 '살아서 선한 업을 지었다면 좋은 자리에, 그러지 못했다면 나쁜 자리에 들어가게 된다'는 단순명쾌한 이치와 원리로 풍수를 끝맺음한다. 이러하기에 풍수는 어려운 학문도 모호한 현학도 모두 아니다. 또한 저자가 40여 년간 전국의 산하를 직접 발로 돌며 스스로 확인하는 노력은 이론에 근거한 통계를 재확인하고 확신하는 과정이었다. 이래서 얻은 결론이 바로 풍수는 신비한 학문이 아니라 자연과학이다 라는 사실이다. 따라서 풍수(풍수지리)는 자연을 자연 그대로 볼 수 있는 순수한 눈만 가지고 있다면 학문의 수준이나 깊이에 관계없이 남녀노소 누구나 쉽게 이해할 수 있는 지혜의 대답이다.

이 책을 통해 독자들이 얻을 수 있는 것, 역시 최소한의 확신이요 믿음이다.

'산을 알면 운명이 보인다.'

이는, '인간의 모든 불행은 자연의 거부에서 비롯되었다'는 버틀란트 러셀의 주장과 일치한다. 오히려 불행을 막아내기 위한 능동적이고도 적극적인 자연에 대한 경외와 수용을 풍수의 관점에서 접근하고 있다.

'산을 알면 운명이 보인다.'

저자의 지론이다.

자생풍수가인 저자가 스스로 터득했듯이, 독자 여러분도 운명을 결정지을 수 있을 풍수(풍수지리)에 대해 관심을 넘어선 자기 운명의 전환으로도 활용할 수 있게 되길 기대하고 소망한다.

40여 년의 경험과 통계를 가능한 실제의 상황과 그림을 통해 쉽게 풀어 설명하려고 했다. 저자가 스스로 터득했듯이 독자 스스로 이해할 수 있게 하기 위한 배려이다. 하지만 쉬운 가운데에도 거의 모든 풍수의 기초와 기본을 담아내고 있다고 믿고 있다. 여러분들이 이러한 믿음에서 책갈피를 넘긴다면 이 책은 여러분에게 풍수에 대해 응용의 기회를 줄 것이다. 결국 응용이란 삶에서의 적용이기에 운명을 바꿀 수 있는 기회이기도 하다. 그 전제로 죽음으로 돌아간 조상의 산(땅)을 겸허하게 수용하면서 미래의 삶을 예측할 수 있다고 본다.

산을 직접 답사하는 일을 간산 또는 관산이라고 한다. 풍수는 자연으로 공부하는 학문이기에 책상 앞에 앉아서만 익혀지지 않는다. 말 또는 글로만으로는 이해하기가 힘들다. 역시 보아야만 받아들일 수가 있다. 철저한 현장을 우선하고 있다. 그러나 간산(관산)은 엄청난 시간의 투자를 요구한다. 여기선 투자할 시간과 이에 따르는 경비를 줄여주기 위해 간접적 간산의 형식을 그림으로 대체했으며 그림을 통해 더 다양한 상상으로 얇은 이 책의 두께를 두터이 할 수 있길 바란다.

이 한 권의 풍수 책은 여러분이 어떻게 받아들이느냐에 따라서 열 권의 책이 될수도 있다는 말이다.

어느 지인의 묘지에, "내 평생에 바람을 좋아하고 새와 꽃을 사랑했으되 진실한 사람을 보지 못하고 가노라"라고 적혀있는 것을 보았다.

여러분은, "내 평생, 바람을 좋아하고 새와 꽃을 사랑하니 진실한 친구 하나 품고 저승 갈 수 있게 되었노라"로 바뀔 수 있길 바란다.

풍수는 자연을 통해 인간을 받아들이고 진실한 사람과 진솔한 삶을 얻는 일이기에.


2024년 『한 해를 맞이하며』

조 광

## 추천사

### 도서출판 행복에너지 편집부

어느 날, 풍채 좋게 삼베옷을 차려입은 조광 저자께서 행복에너지에 방문해 주셨습니다. 두툼한 개정판 원고를 들고 온 저자의 눈빛에서 다시 책을 내고자 하는 강한 의지를 느낄 수 있었습니다.

그러나 강한 의지와 달리, 그의 몸은 많이 피폐해진 상태였습니다. 평생을 산에 다니며 남들의 운명을 바로잡아주는 일에 보람을 느끼며 살았음에도, 정작 본인의 몸을 돌볼 틈은 없었던 것입니다.

심장대동맥박리술이라는 큰 수술 후 저자의 이야기를 듣고는 편집을 담당해야 할 일원으로서 걱정이 앞섰지만, 정작 본인은 태연하기 그지없었습니다. 강한 의지로 평생 독학을 통해 풍수를 배워 자가풍自家風을 이루었고, 실전 풍수에 있어서 범접할 수 없는 대가의 위치에까지 올라섰지만, 본인의 기맥이 막혀 있음은 알 수 없는 것이 세상 이치입니다.

그렇게 병마와의 싸움을 앞두고도 개정판 준비를 멈추지 않았고, 수술 후 기력을 회복한 후에도 원고에 대한 관심을 이어나갔습니다. 그 열정이 바로 이 『땅의 운명』을 탄생하게 한 원동력이라고 생각합니다.

동서양을 막론하고 사람은 좋은 곳에 살고 좋은 곳에 묻히기를 원합니다. 우리처럼 산에 매장하는 문화가 발달하지 않는 서양의 경우 풍수학으로까지 발달하지는 않았지만, 그래도 좋은 땅을 가지기 위해 선택과 지혜를 발휘하고자 하는 노력은 만국 공통이 아닐까 합니다. 그래서인지 현대인들은 일상생활 속에서도 생활에 적합한 최적의 공간 배치, 공기의 흐름을 고려한 방과 창의 연결 등 다양한 양택 풍수를 적용하고 있는 것일 테지요.

　인간사에서 생로병사生老病死는 빠져나올 수 없는 삶의 순환 패턴입니다. 그런데 이 패턴은 죽는 순간 끝나는 것이 아니라, 매장되는 순간 다음 세대 후손의 생로병사生老病死에도 영향을 미칩니다. 모든 것이 순환적 구조인 세상 속에서 우리는 살아가고 있습니다. 그래서 우리는 환경, 특히 산이 우리 삶에 미치는 영향을 받아들이며, 이해하고, 좋은 방향으로 풀어나간다는 관점에서 풍수의 힘을 거부할 수 없습니다. 운명의 선순환을 위해 풍수를 잘 이용할 필요가 있습니다.

　이 책『땅의 운명』속에는 산을, 조상의 선영을 잘 읽어내고, 살아있는 사람들의 삶에 조화롭게 작용하도록 하며, 세상의 커다란 흐름에 미치는 산의 기운을 파악하는 다양한 시각과 관점들이 내포되어 있습니다. 이 책을 읽으시는 독자들께서도 우리 운명의 강력한 작용점인 산의 힘을 느끼고, 잘 활용하시는 한 해가 되시길 바랍니다.

조광 시공간 디자인연구소 소장 **김영길**


우주삼라 만상에는 티끌 하나 소중하지 않은 것이 없다. 우주 탄생 150억 년 전(지구 탄생 50억 년 전)에는 텅 빈 곳에서 땅地, 물水, 불火, 바람風, 공간空間, 음陰, 양陽, 빛, 에너지, 어둠 10대 요소와 함께 사람, 동물, 식물 등 온갖 만물이 탄생하였고 우주공간은 눈에 안 보이는 빛의 물결로 가득했다.


양자물리학자 울프 박사는 미립자들이 가득한 우주공간을 "신의 마음"이라고 일컫는다.

미립자들은 우주의 모든 정보와 지혜, 힘을 갖고 있고 모든 걸 알고 있다고 한다. 그래서 동물이나, 식물, 물과 바위 등 어떤 것으로든 현실화할 모든 가능성을 가진 마법의 알갱이들이다. 미립자들은 불가사의하게도 거리에도 영향을 받지 않는다. 특히 단 한 번이라도 인연을 맺었던 미립자들은 바로 곁에 있든, 우주 정반대에 떨어져 있든, 아무 상관 없이 빛보다 빠른 속도로 영원히 서로 정보를 주고받는다.

러시아 과학자들은 잔인하지만, 이런 실험도 해보았다. 어미 토끼를 새끼들과 떼어놓고 두뇌에 전극을 삽입했다. 그리고 새끼들을 잠수함에 태워 수천 킬로미터 떨어진 북대서양 심해로 데려가서 한 마리씩 처형했다. 그런데 놀랍게도 새끼들이 처형되는 바로 그 순간마다 어미 토끼의 뇌파는 크게 치솟았다. 볼 수도, 들을 수도, 냄새를 맡을 수도 없는 수천 킬로미터 밖의 일인데도 말이다.

사람도 그렇다. 이역만리 떨어진 자식에게 어디 아픈 데라도 생기면 부모도 뭔가 편치 않은 구석이 생긴다. 한국의 부모가 미국에 가 있는 자식을 위해 기도하면 그 기도가 담긴 미립자 에너지는 먼 미국까지 도달한다. 자식이 설사 달나라에 가 있더라도 빛보다 더 빠른 속도로 에너지가 전달된다. 비록 자식이 의식적으로는 느끼지 못하더라도 말이다. 이러한 것들이 동기감응이다. 선친(조상)의 묏자리가 중요한 이유도 이러한 동기감응 때문이다.

풍수는 바람과 물을 생활 속으로 끌어들여 그것을 지리적인 조건에 맞춰 해석하는데, 산세山勢, 지세地勢, 수세水勢 즉 산의 모양과 기, 땅의 모양과 기, 물의 흐름과 기 등을 판단하여 이것을 인간의 길흉화복에 연결시켜 이에 의해서 생활하는 인간의 본질을 나타내는 것이다.
풍수는 자연을 통해 우리의 삶과 운명을 파악하고 더 나은 삶으로 미래를 꾀해보자는 학문이다. 풍수는 철학이나 종교와 다르다. 인간에게 가까이 다가가고 적용하는 실용 학문이다. 진정한 풍수는 안 된다는 것에서 벗어나 이를 초월해야 하는 학문이다. 적어도 현재보다는 나아지게 해야 하는 것이 풍수의 궁극적인 목적이다. 풍수는 긍정적인 과학이요, 실용적인 학문이다.

"풍수는 인간을 위한 자연과학이다."

풍수의 논리에 따르면 인간의 운명은 반드시 땅에서 온다. 즉 땅이 인간의 운명을 바꿀 수 있다는 말이다. 우리는 풍수학자의 눈을 통해 더 나은 삶을 찾으려고 하지만 수많은 풍수학자 중에서 진정한 지관(풍수학자)을 찾는다는 것은 매우 어렵다. 온갖 감언이설로 속이고, 이득을 취하려는 자들이 많기 때문이다.

그러나 지관은 과거를 알아맞히는 것보다 양택이든, 음택이든 좋은 자리를 잡아줌으로써 그 사람의 운명과 살아가는 모습을 지켜보며 연구하는 자세를 가져야 하며 자신의 언행에 끝까지 책임을 져야 하는 것이며, 이제는 진정한 풍수학을 논하는 전문가가 필요한 때이다.

나는 『땅의 운명』이 풍수학에 대해 정확하고 올바른 이해를 돕기 위한 길잡이가 될 것이라고 감히 추천한다. 사람의 삶을 더 좋은 방향으로 제시해주기 위해 저자의 책임감과 소명감이 이 책에 담겨 있다.


미국에서 풍수는 1990년대부터 크게 유행하기 시작했다. CNN 등 주요 언론에 풍수에 관한 기사가 실리는 일은 이제 더 이상 놀라운 일이 아니다. 미국인들은 풍수의 개념을 중국인들에게 배웠기 때문에 풍수의 중국어 발음인 '펑슈에이'Feng Shui라고 말하며, 상당수의 사람들이 집과 사무실, 가구 등의 방향과 위치에 있어 풍수이론을 받아들이고 있다.

사람은 운명의 모든 순간을 스스로 좌지우지할 수 없다. 하지만 할 수 있는 게 분명히 몇 가지는 있다. 풍수학은 그 몇 가지 중 하나이며, '무언의 힘'에 영향을 받는 운명을 더 좋은 방향으로 이끄는 유일한 학문이다.

풍수학은 인간을 위한 학문으로서, 우리는 풍수학을 제대로 이해하고 배우기 위해 관심을 기울일 가치가 있음을, 〈땅의 운명〉을 통해 많은 사람이 알아갈 수 있기를 바란다.

## 아들, 남기

대학을 다니며 많은 갈래의 학문을 접하곤 하였다. 물론 내게 누군가 얼마큼의 지식을 습득하였냐고 묻는다면, 나는 당당하게 답할 수 있다. 나의 지식의 깊이는 광활한 사막에서 한 줌의 모래알들을 가까스로 쥘 정도에 불과하다고. 그렇지만 조금은 깨달은 것이 있다. 바로 크게 학문은 두 가지의 갈래로 나타난다는 것이다.

형식적이고 이론적인 학문은 과연 그것을 성찰함 그 자체에 있어 즐거움을 준다. 수십 혹은 수백 년간의 논의 끝에 만들어진 정교한 이론들은 그 자체로 고귀한 가치를 지닌다. 다만 그것이 현실에 적용됨에 있어 조금의 괴리가 있을 뿐이다. 물론 이 또한 나의 지식이 갖추어지지 않음에서 비롯하는 잘못된 의심일 수 있다.

그에 반해 실용적이고 구체적인 학문은 현실과 아주 밀접하게 관련되어 있다. 실제로 일어나는 사안에 그 틀을 적용함으로써 얻는 지식은 활용 가치가 매우 뛰어나고 쉽게 희석되지 않는다. 다만 그것을 적용하는 주체가 인간이기에, 다소 의문이 드는 사례도 존재하는 것이 사실이다. 그렇지만 정통한 전문가와 함께라면 그 의문은 0으로 수축해간다.

그렇다면 풍수지리는 어떠한가. 이론에 그쳐 현실과 괴리가 있는 학문인가. 아니면 현실과 맞닿은 아주 실용적인 학문인가. 나는 후자에 해당한다고 힘주어 말하고 싶다. 그렇다고 이론이 결여되지 않은, 단지 그 지식을 누가 습득하고 활용하는지에 따라 달라지는 학문일 뿐이라 말하고 싶다. 앞에서 언급한 두 갈래의 모든 측면을 겸비하는 학문인 풍수는 전문가와 함께 발을 들일 시 빛을 발할 수 있다. 이를 통해 지식을 얻는 것에 그치지 않고 삶을 바라보는 자세를 재정립할 수 있는 것이다.

20대를 지나며 내가 가장 긴 시간 동안 한 고민은 바로 운명이었다. 아마 나와 같은 또래들이 가장 많이 하는 고민일 것이다. 나의 삶은 내가 만들어가는 것인가. 아니면 태어날 때부터 정해진 운명이 나를 이끄는 것인가. 그에 대한 답은 아직 내려지지 않았으나, 계속되는 고민 속에서 동반자를 만난 것 같다. 즉, 풍수지리는 이에 대한 답을 구할 수 있는 학문이자 삶을 바라보는 좋은 틀이다. 그렇기에 나와 비슷한 나이대의 2030들에게도 이 책을 강력히 추천하고 싶다.

아버지의 글과 책으로 내가 느꼈던 점은, 바로 풍수지리가 정해진 운명을 인정하는 동시에, 그 운명을 바꾸어 나가는 주도적 수단이 될 수 있다는 점이었다. 물론 운명은 존재하고, 인간은 그 앞에서 한없이 작아지는 존재이다. 그러나 이는 절대 불변하는 것이 아니다. 내가 잘못된 길을 걸을 때 풍수의 지식을 이용한다면 맞는 길로, 혹은 좀 더 나은 길로 나아갈 수 있다. 인간은 운명과 호흡하는 존재이고, 때로는 운명에 이끌리지만 언젠가 운명을 바꾸어 나갈 수 있다.

풍수는 지극히 인간을 위한 학문이라 생각한다. 그렇기에 '땅의 운명'을 통해 나의 운명이 나아갈 방향 그리고 어쩌면 앞으로 좀 더 나은 삶을 살아갈지에 대한 답을 구할 수 있지 않을까. 궁극적으로 나의 운명이란 무엇인지에 대한 답을 내릴 수 있기를 소망해 본다.

목차

# 1장

# 나는 신명나게 살 운명이다

# 풍수는 인간을 위한 과학이자 믿음을 바탕으로 한 종교이다

조직화와 비조직화, 체계적 또는 비체계적, 과학적 그리고 비과학적이라는 잣대로 기성종교와 구별해 우리는 민간신앙이라고 칭하는 게 있다. 민간신앙은 오랜 역사를 가진 기성종교나 최근에 생겨나 사회문제를 일으키고 있는 신흥종교와는 달리, 그럴듯한 교리나 버젓이 내세울 교주가 없는 일종의 자연 발생적인 종교이다. 누가 언제부터 믿게 된 신앙인지를 확인할 수 없지만 오랜 세월을 두고 우리 인간과 밀접한 관계를 맺어온 우리의 생활과도 같은 게 바로 민간신앙이다. 그러나 교리가 불분명하다 하여, 교주가 뚜렷하지 않다 하여 이를 미신시해 버리며 배척하거나 멸시까지 하는 경향이 있다. 하지만 우리의 삶에서 무슨 일이 닥치면 무언가의 힘, 그 알 수 없는 힘에 대해 경외하며 자기도 모르게 두 손을 모으게 하는데, 이것은 특정종교를 믿고 안 믿고를 떠나서 자연스럽게 나타나는 현상이다. 일각에서 민간신앙을 배척하고 멸시하더라도 절대 무시할 수 없는 존재임을 증명해주는 것이다.

민간신앙에는 두 가지 종류가 있다. 하나는 오랜 기간 동안 전해 내려오면서 나름의 제사의식을 가진 것이며, 또 하나는 뭐라 특별히 규정할 수 없는 것들이다. 전자의 경우 그 전형이랄 수 있는 것이 바로 무속신앙으로 굿이나 산신제와 같은 것이고, 후자의 경우 그 전형이랄 수 있는 것은 점, 예언이나 참위, 풍수와 같은 것이다. 이와 같은 우리 삶에 뿌리 박혀 있는 민간신앙은 대체로 세시풍속과 관련된 민속인 경우가 많다.

여기선 그중 풍수에 관해 구체적 사례를 들어 풀어가려고 한다.

한국의 민간신앙을 이루고 있는 큰 흐름은 세 가지로 대별할 수가 있는데, 그 하나는 신령이 한 인간의 길흉화복을 좌지우지 한다고 보는 무속신앙이요, 그 둘째는 64개의 괘에 의한 사주팔자로 인생의 운명이 결정된다고 믿는 것으로 그 대표적인 것이 바로 점이다. 그 셋째는 한 인간의 인생(길흉화복)은 물론 역사의 흥망성쇠의 부침을 결정한다는 풍수지리이다.

대체적으로 풍수지리설에 의하면, 천지는 별개의 단순한 물질이 아니라 인생과 역사를 좌우하는 살아있는 존재라는 것이다. 즉 모든 땅에는 지맥이 흐름으로서 생기가 돌고 있으며, 인간이 이 생기를 어떻게 타느냐에 따라 개인과 그 가족과 나아가 그 나라의 흥망성쇠가 좌우되게 마련이다. 이 생기를 타는 방법은 인간의 뿌리가 되는 조상의 뼈를 통해서이다. 그러므로, 나무의 가지에 해당되는 후손들이 번창하기 위해서는 땅의 생기가 왕성한 곳, 즉 명당을 찾아 나무의 뿌리인 조상의 묘를 씀으로써 인생을 바꿀 수도 있다고 보는 것이 풍수지리 신앙의 기본적인 이해의 출발이다.

다시 요약하면, 풍수설의 본질은 땅의 생기와 그를 받아들이는 감응사상으로 구성되어 있다. 풍수지리의 경전이랄 수 있는 청오경이나 금낭경에 의하면, '장葬은 생기를 타는 것이다. 오행의 기氣는 땅속에 흐르고 있다. 인간은 부모의 유체를 받은 것으로 본체인 부모로부터 오행의 기를 얻어 후손이 그 은덕을 입는다. 이것이 바로 부모 자식 간의 감응이요 이를 동기감응이라고 한다.

일반적으로 풍수(지리)는 생기가 충만한 땅, 소위 명당을 찾아 묘지로 쓰려는 묘지풍수, 즉 음택과 땅의 양기를 찾아 주택(상점이나 건물 등)을 지으려는 거주풍수, 즉 양택이 있다. 음택의 경우에는 한 집안의 번영 번창을 위한 신앙이고, 양기, 즉 양택은 한 개인뿐만 아니라 한 마을, 한 나라라는 집단의 번영에 반영된다고 보는 사상으로 발전했다. 예를 들면 고려의 수도를 송악산을 낀 개성으로 정한 것이나, 조선의 수도를 북악산 아래 한양으로 정한 경우가 바로 양기의 국도풍수 사상의 전개로 가능했던 것이다.

'산을 알면 인생(운명)을 안다'는 말이 있다.

사람은 산천의 정기로 태어나고 살아가면서 공간에너지의 기氣를 받아 그 운運과 명命을 달리 한다. 우리는 그것을 운명이라고 한다.

사람이 여자와 남자로 태어나고 병들고 출세하고 부귀영화를 누리는 것 또한 이미 운명 속에 예정되어 있는 것이다. 그런데 그 운명은 알고 보니 산, 즉 조상의 묘에서 오는 것이었다. 인명은 재천이라고 하지만 인명은 풍수에서 결정된다고 보는 바 인간의 운명을 다루는 학문이 바로 풍수라고 감히 말한다. 옛말에 '잘 되면 내 탓, 못 되면 조상 탓'이란 말이 있다. 하지만 풍수를 조금이라도 이해하는 사람이라면 잘 되도 못 되도 모두 조상 탓이라고 말할 것이다. 이는 앞서 말한 조상과 후손이 동기감응에 의해 그 생기를 땅으로부터 물려받는다고 믿기 때문이다.

다시 말하면, 사람이 살고 있는 집을 양택이라고 하고, 죽어서 땅에 묻히는 자리를 음택이라고 한다. 사람은 대부분 자신이 살아온 운명대로 음택에 묻힌다. 운명을 좌우하는 생기, 기운의 정도를 볼 때, 양택은 음택의 반영인데 음택과 양택의 반영의 비율은 3:1로 조상의 묘(음택)에서 월등히 그 기운이 세다. 그만큼 음택에서 생기를 받아오는 환원에너지는 엄청난 것이어서 자손의 행·불행을 좌지우지 한다고 해도 과언이 아니다.

특히 우리나라의 장묘문화는 남자의 명예를 상징하는 좌청룡과 여자와 재물을 의미하는 우백호로 명당의 혈을 찾아 조상을 지극정성으로 섬기는 것이다. 이것은 나쁜 간섭에너지 때문에 생기는 재앙을 사전에 막으며, 또한 조상의 발복을 받아 당대는 물론 후대까지 부귀와 영화를 누리고자 했던 속세인의 욕심이기도 했다. 하지만 아무리 좋다는 명당이라 해도 살아생전 덕을 쌓고 복을 짓지 못했다면 애써 들어간 자리에서도 머물지 못하고 다시 나오게 되어 있다. 이것은 자연과 인간의 심성을 가려서 받아들이는 이치이요 인과응보의 현상을 그대로 반영한 것이다. 따라서 모든 땅(산)은 제 주인이 따로 정해져 있다.

세상이 변하면 인간의 생활패턴도 바뀌고 변하듯 오랜 관습처럼 굳어져 온 음택 도는 양택문화를 현대생활에 맞게 연구 발전시켜 불행을 예방하고 인간과 자연이 서로 조화롭게 구성되도록 함은 바로 풍수가 최종적으로 지향해야 하는 덕목이기도 하다.

지관地官은 한자 그대로 땅을 관리하는 사람으로서 땅의 형세形勢와 지기地氣를 정확히 읽어냄으로써 그 땅에 사는 사람이 살아온 과거를 맞추고 앞으로의 일을 예견하는 풍수가를 일컫는 말이다. 사람은 누구나 생의 족적을 남기기 마련이다. 그리고 그 자신이 살아온 대로 그에 맞는 땅에 묻히게 되어 있으며, 이래서 땅에는 반드시 제 주인이 따로 있다. 사람은 남을 속이고 거짓말을 하지만 자연(땅이든 산이든)은 절대 거짓을 행하지 않는다는 데에서 풍수지리의 원칙은 시작된다. 살아서 선한 업을 지었다면 좋은 자리에, 그렇지 않다면 나쁜 자리에 들어가게 되어 있는 것이 풍수의 원리이며 이치이다. 수맥을 찾는 기계나 도구들을 이용하여 혹세무민케 함으로써 풍수지리를 악용한다면 이는 땅의 지기를 자연과 인가의 조화에서 찾으려는 동기감응의 정신을 단지 기계의 힘에 빌림으로써 그 정신을 손상시킴은 물론 왜곡하는 결과만을 초래하게 될 것이다. 거듭 강조하자면, 풍수지리는 오랜 세월 동안 자연히 얻어낸 통계에 근거한 자연과학임으로 당연히 자연 속에서 인간의 지혜로 그 오묘함을 찾아야 한다는 것을 의미한다. 국내에 나와 있는 수많은 풍수지리에 관한 서적들은 그 나름의 주장과 원칙이 있겠지만 그것을 받아들이기엔 너무나 어려울 정도로 지나치게 학술적으로 풀려는 경향이 대체로 짙다. 그러나 어디까지나 풍수는 자연으로 자연을 해석하는 학문이기에 현장학문이기도 하다. 현장감을 도외시한 서적이나 글은 아무리 잘 쓰였다 해도 최종 목표인 이해에서 혼돈하게 하거나 혼란을 초래하게 한다면 누군가(독자)에게 무엇(풍수)을 전해야 한다는 목적에는 부적절하고 부적합하다고 본다. 이에 이 책에서는 현장감을 살리기 위해 직접 답사한 그림을 활용했다.

풍수의 논리대로라면, 인간의 운명은 반드시 땅에서 온다. 그리고 땅을 관할하는 지관(지사, 풍수지리학자 등)이라면 인간의 운명까지도 바꾸어줘야 하는 게 옳다. 그런데 그렇게 능력있는 지관이 얼마나 될까? 풍수가들은 감언이설로 남을 속이고 이득을 취하려는 자가 적지 않다. 지관은 과거를 알아맞히는 것보다도 좋은 자리를 잡아줌으로써 그 사람의 운명과 후손이 살아가는 모습을 지켜보며 연구하는 자세를 가져야 한다. 자신의 언행에 끝까지 책임을 지는 일은 지관으로서 갖춰야 하는 가장 첫째 덕목이다.

풍수는 통계 등 이론을 바탕으로 실기(경험)가 철저히 뒷받침해줘야 하기 때문에 조금이라도 실수를 하게 되면 얼풍수가 되기 십상이다. 조선왕조 500년 동안 얼풍수에 대한 형벌이 엄했던 것도 풍수가를 자칭하는 가짜가 횡행했기 때문이며, 백성들이 당하는 피해가 커서 국가 차원에서 단속을 강화할 수밖에 없었을 것이다.

풍수지리는 전래되어오는 단순한 민속신앙으로 신비한 학문으로 이해하기 쉽지만 분명한 건 철저한 검증을 통한 자연과학이라는 점이다. 따라서 음택이나 양택을 보면 그 사람의 과거와 미래를 알 수가 있다. 그러므로 풍수지리에 관한 기초 정도는 자연을 볼 수 있는 눈(안목)과 한글만 읽을 수 있다면 남녀노소 누구나 이해할 수 있는, 그리 어렵지 않은 학문이다. 이 책을 통해 풍수의 기본 몇 개를 익힘으로써 얼풍수에 속는 일을 사전에 막을 수 있고, 또 막연함이나 오묘함에만 기대는 풍수의 몰이해로부터 벗어날 수가 있을 것이다.

대통령 선거 대가 되면 어느 후보가 조상의 묘를 어디로 옮겼다(이장했다)

는 뉴스를 적지 않게 듣곤 한다. 그들이 믿고 있는 종교가 기독교든 가톨릭이든 불교든 상관없이 조상의 묘에 신경을 쓴다. 또 후보자들의 조상 묘로 다음 대통령감을 점치곤 하는 신문기사도 심심치 않게 나오고 있다. 이를 보면 풍수가 단순하기만 하거나 오묘하기만 한 것이 아님을 알 수가 있다. '실제로 분명 뭔가가 있어'에서 출발하는 풍수에 관한 관심에서 그 뭔가의 감을 잡게 되는 동기의 장으로, 이 책이 가교 역할을 충분히 해줄 것이라고 확신한다.

이 책을 잡는 순간은,

'나는 신명나게 살아야 할 운명'에 첫발을 내딛는 순간이기도 하다.

풍수가 운명을 바꿀 수 있기 때문이다.

## 〈명당 국세도〉

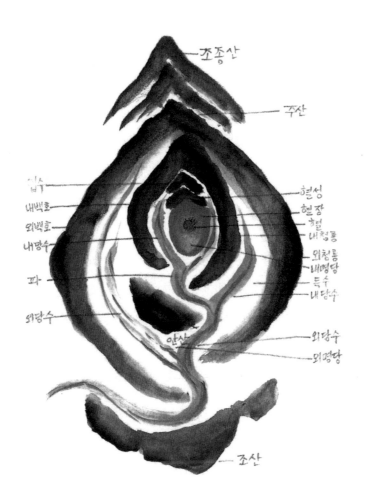

조종산

주산

입수

내백호

외백호

내명수

파

외당수

현성

혈장

혈

내청룡

외청룡

내명당

득수

내당수

안산

외당수

외명당

조산

# 흔히 쓰는 풍수지리 용어

◈ 풍수風水: 공간에 형성되는 기운의 주체를 바람과 물로 보아 산천의 모야과 음양오행설의 이치로서 기운의 이로움과 해로움을 가릴 수 있는 지술. 풍수지리, 장풍득수(= 바람을 가두고 물로써 경계를 지을 수 있는 곳)의 준말이다.

◈ 지관地官: 지리의 이치로 길흉을 알 수 있는 사람을 높여 부르는 말. 지사라고도 한다. 옛 조정에서 지리를 맡아보던 관원.

◈ 양택陽宅: 살아 있는 사람이 머무는 집터, 주로 주택이나 상가, 건물 등을 말한다.

◈ 양기陽氣: 사람이 사는 주거지에 형성진 지기地氣를 말하며 개인 집은 울타리 안이다.

◈ 음택陰宅: 죽은 사람이 머무르는 자리.
시신이 묻힌 자리와 그 주변을 말한다.

◈ 조종산祖宗山: 혈穴이 있으면 그 뒤에 혈穴을 만들어준 산이 있게 마련이다. 또 이 산을 솟아올린 산줄기가 있다. 또 그 산줄기를 따라가면

뿌리가 되는 산이 나온다. 근원이 되는 산을 조종산이라고 한다.

◈ 용龍: 일반적으로 굴곡이 있는 임야나 능선을 말한다. 평지보다 조금 이라도 높으면 그곳을 용이라고 보며, 산줄기 및 산맥을 일컫는 말이 기도 하다. 산줄기가 높낮이를 거듭하며 길게 굽이쳐 뻗은 형상이 마치 용과 같다하여 붙여진 이름이다.

◈ 입수入首: 부모산과 같은 말이나 부모산에서 혈성穴成에 이르는 용의 흐름을 뜻하기도 한다. 입수처까지는 용에 해당한다.

◈ 용세龍勢: 용의 세력으로, 대소·강약·선악·미추 등의 역량.

◈ 맥脈: 산의 기운에너지가 흐르는 통로이며, 용이 산의 형상에 관한 것이라면, 맥은 땅 속으로 흐르는 생기生氣의 움직임이다.

◈ 용맥龍脈: 용과 맥을 합쳐서 용맥이라고 부른다.

◈ 혈穴: 맥 중에서 가장 생기가 몰리는 자리. 좋은 당의 지기가 모인 곳 이다. 그렇기 때문에 묘지터, 집터, 마을터 등으로 적합한 곳. 맥에 는 기가 모이지 않고 흘러가기 때문에 혈이 되지 못하고 맥이 그치는 곳에 혈이 있다. 바람이 마르지 않도록 山(산)·水(수)·風(풍)이 잘 조화 된 곳이다.

◈ 砂(사): 혈의 전후좌우에 있는 산과 물을 말하며, 혈을 둘러싸고 있는 산봉우리들을 모두 '사'라고 부른다. 산봉우리는 그 생김새에 따라 품 고 있는 기운이 다르다. 옛 사람들은 종이가 귀했던 시절, 모래 위에 서 글씨 연습을 했던 것과 같이 풍수를 가르칠 때 모래와 흙으로 산 의 모형을 지었는데 이런 이유로 산봉우리들을 '사'라고 부르게 되었

다. 청룡, 백호도 사에 해당하고, 안산, 조산도 역시 같다. 보통 사신사四神砂라 함은, 좌청룡, 우백호, 안산주작, 부모산현무이다. 이들은 묘의 동서남북에 자리를 잡고 혈을 보호하고 있다.

◈ 수水: 물은 풍수지리학에서 산봉우리와 똑같은 비중을 차지한다. 여기서 물이란 얕은 곳을 가르킨다. 샘물, 냇물, 강물, 바닷물뿐만 아니라 골짜기나 들판 등도 물水로 본다. 비가 오면 마른 골짜기와 들판에도 물이 흐르기 때문이다.

◈ 득得과 파波: 물이 흘러들어오는 곳을 득得, 빠져나가는 곳을 파波라고 한다. 파波를 수구水口라고 부르기도 한다. 파波는 두 개 이상이 될 수도 있는데 이 경우 안쪽의 파波를 내파內波, 바깥쪽의 파波를 외파外波라고 부른다.

◈ 수구水口: 풍수에서 물은 필수적이다. 물이 없으면 기가 모이지 않는다. 따라서 용이 오는 곳도 물의 흐름을 더듬어 가면 찾을 수가 있다. 산의 방향과 물의 방향은 대개 일치하기 마련인데, 수구는 명당 앞에 모인 물이 흘러가는 곳을 총칭해서 부르는 용어이다. 파구波口라고도 한다.

◈ 국국局: 혈에서 보이는 '사砂'와 '수水'를 모두 합쳐서 국局이라고 한다. 혈의 좋고 나쁨, 어느 혈에 묘를 쓰거나 집을 지을 때 사람들이 받는 영향 등은 이 국을 보아 알 수 있다. 결국 에너지장을 말한다.

◈ 청룡靑龍: 혈의 왼쪽에 있는 산줄기이다. 혈에서 앞을 향해 서서 왼쪽 산의 흐름(이래서 좌청룡이라 한다)이며 남자와 명예를 관장한다.

◈ 백호白虎: 혈의 오른쪽에 있는 산줄기(이래서 우백호라 부른다)이다. 혈을 가운데 두고 청룡과 백호가 서로 마주보며 여자와 재물을 관장한다. 청룡과 백호가 여러 줄기가 있을 수 있는데, 이때 안쪽 것을 내청룡·내백호라 하고, 바깥쪽의 것을 외청룡·외백호라 한다.

◈ 주작朱雀: 안산案山은 혈의 바로 앞에 마주하고 앉은 산이며, 주작朱雀은 그 앞산 모두를 일컫는다. 안산 뒤의 멀리 떨어져 있는 산을 조산朝山이라 부른다.

◈ 현무玄武: 혈을 맺는 산의 바로 뒤에 있는 산을 부모산父母山이라 한다. 입수산入首山이라고도 부른다. 부모가 자식에게 영향을 끼치듯 혈에 미치는 영향력이 크다. 또한 혈을 만들어 놓은 혈 뒤에 솟은 모든 산들을 현무라 하고 주산主山이라고도 한다.

◈ 배역背逆: 혈(혈장)을 등지고 있는 용맥과 사砂이다.

◈ 전순前脣: 혈(혈심) 바로 앞의 두툼하게 감싼 부분이다.

◈ 혈심穴心: 혈장의 중심이며 시신을 안장하는 곳.

◈ 만궁수彎弓水: 활처럼 감아 도는 물.

◈ 직거수直去水: 혈장이나 마을을 등지고 곧게 나가는 물.

◈ 내수來水: 혈장이나 마을을 향해 오는 물.

◈ 역수逆水: 용맥의 물이 흘러가는 방향으로 진행하지 않고 오히려 물을 거슬러 거두는 것.

◈ 산수동거山水同去: 용맥이 물이 흘러가는 방향으로 같이 진행하는 것.

◈ 명당明堂: 명당이란 말은 두 가지 뜻으로 쓰인다. 하나는 좋은 묘터,

집터, 마을터 등을 가리키고, 또 다른 하나는 혈의 앞부분 평탄한 곳을 가리킨다.

◈ 비보裨補: 완벽한 혈은 없다고 한다. 용과 혈이 좋아도 주위의 사가 부족하거나 물의 흐름이 빠를 수 있다. 이럴 때 부족한 부분을 인위적으로 보충할 수 있는데 이를 비보풍수라 한다. 지명을 바꾸거나 나무를 심고 또는 탑을 세워 허한 곳이나 불길한 곳을 보충하는 방법이다. 비보사탑이라는 말은, 보통 영험한 곳에 사원을 세우는데, 그렇게 하지 않고 나라의 흉한 곳을 절이나 탑으로 비보하여 그 지세를 고르게 하려는 목적으로 세워진 사탑. 고려시대의 승, 도선이 우리나라의 지세는 아름답기는 하나 계곡이 많아 도적이 일어나기 쉽고 물의 가뭄이 잦을 수 있으므로 이를 바로 잡기 위해 사탑을 뜸으로 삼아 국토에 찜질을 해야 한다고 했다. 이러한 도선의 비보사탑설은 도탄에 빠져 구원을 바라는 백성들의 마음에도 잘 부합해 당시 큰 인기를 얻기도 했다.

◈ 비석비토非石非土: 돌도 아니고 흙도 아닌 토질로서, 만지면 곱게 부서지며 윤기가 흐른다.

◈ 취기聚氣: 에너지(땅의 생기)가 이동 진행하다가 일시적으로 모이는 현상.

◈ 좌향坐向: 좌坐와 향向을 합쳐서 좌향이라 하며, 혈의 중심이 좌이고 그 맞은 편이 향이다. 시신의 경우 머리 쪽이 좌, 발쪽이 향이며, 건축물은 위쪽이 좌, 앞쪽이 향이다. 풍수의 3대 요소 중의 하나인 방

위가 혈의 좌향으로 나타나기 때문에 생기감응의 구심점이며 혈의 이름이다.

◈ 장풍藏風: 생기生起는 바람을 타면 흩어지기 때문에 생기生起가 모이려면 바람을 막아야 한다. 이 바람을 들어오게 하고 나가지 못하게 하는 것이 장풍이다.

◈ 목성木星산: 형태가 나무처럼 솟아 있는 산.

◈ 화성火星산: 산봉우리의 끝이 타오르는 불꽃처럼 날카롭고 뾰족한 산. 또는 산봉우리의 끝이 붓끝처럼 뾰족하다고 하여 문필봉文筆峯, 또는 문필사라고도 하며 주로 명필가나 문장가가 난다.

◈ 토성土星산: 산의 마루모양이 편편하여 마치 한 일一 자와 같다고 하여 일자문성이라고도 부른다. 그러나 그 편편한 길이가 더 긴 특별한 산을 두고 일자문성이라고 칭한다. 토채라고도 한다. 권력자나 공직자가 난다.

◈ 금성金星산: 산마루 모양이 마치 솥뚜껑이나 종을 엎어 놓은 것처럼 둥그스름한 산. 재물이나 곡식을 쌓아 놓은 모습과 흡사하여 부봉사副奉事라고도 한다. 재물과 관련이 있다.

◈ 수성水星산: 연이어 굽이치는 파도와 같이 출렁이는 산. 인생의 부침이 잦다.

◈ 규봉: 산 너머에서 숨어 엿보듯 조그맣게 보이는 산봉우린. 귀형貴形, 미형眉形, 화형火形이 있다.

◈ 오악: 혈이 이루어지려면 다섯 가지 조건이 맞아야 하는데 이를 오악

이라고 한다. 혈(혈판), 좌선익, 우선익, 전순, 입수를 말한다. 다섯 가지 중 하나만 부족해도 명당(명혈)이 될 수 없다.

◈ 선익: 혈(묘)의 앞 좌우를 감싸고 있는 자리.

◈ 화장: 나쁜 자리에 묘를 쓰기보다는 화장은 해도 안 되고 득도 없다. 무해무득함으로 서툴게 묘를 쓰는 것보다 나을 수 있다. 조상으로부터 받는 생기生氣는 조상의 뼈로써 이어 받기 때문이다. 화장으로 뼈가 사라졌으니 무해무득하다.

◈ 간산看山 : 산을 직접 답사하여 풍수지리의 이치에 맞춰 점검하며 길과 흉을 살펴내는 일. 관산觀山이라고도 한다.

# 우리 역사 안의 풍수

　훈요십조는 고려 태조 왕건이 후손에 전한 신서와 훈계 10조로 이루어진 정치지침서이다. 불교 신앙과 풍수지리 사상이 대부분으로, 고려 역대 왕들이 이에 의하여 정치를 해왔다. 이렇듯 풍수는 한 나라를 이끌어가는 국태민안의 중요한 사상으로 받아들였다. 태조 왕건에게 가장 큰 영향을 미쳤던 인물은 승려, 도선이다. 도선은 왕건의 아버지를 송악(지금의 개성)에서 만나 집터(양택)를 점쳐주면서,

　"장차 이 집에서 고귀한 인물이 태어나 이 혼란한 후삼국을 평정해 통일할 것입니다."라고 예언했다고 한다.

　이 예언이 맞아 태조가 태어났고 도선과 태조는 밀접한 관계를 맺으며 고려의 정신적 주축으로 삼게 된다. 승려지만 풍수에 능했던 도선은 한편 예언가로서 신비로운 위력을 일반 백성에게도 널리 퍼트리기도 했다. 〈도선비기〉라는 예언서를 남기며 변란이나 반역 등 국가가 혼란할 때마다 도선의 여러 예언들을 모은 이 〈도선비기〉를 등장시키며 평정하고 국가 안위 유지에도 활용했다고 한다.

여기서 도선이란 인물을 잠깐 엿보는 일은 풍수지리를 다른 측면에서 이해하는 데에 도움이 될 것 같아 간략히 서술코자 한다. 풍수지리가로도 널리 알려진 도선국사는 앞서 썼듯이 고려 개국을 예언한 사람이기도 하지만 이미 그는 전국산하를 떠돌며 답사한 토대로 국토의 효율적인 운영원리로서 풍수지리설을 집대성 했다. 즉, 명당자리를 정하고 그 지역을 중심으로 산수의 순과 역을 정하여 그에 걸맞는 운영원리를 정하였다. 이와 더불어 자연 그대로의 풍수를 극복하기 위해 '비보사상'을 내세우며 터가 센 곳에 절을 짓고 탑을 세우며 자연을 있는 그대로가 아니라 자연의 부정적인 힘에서 벗어나려고 하는 더 적극적인 풍수이론을 실제로 전개해 갔다. 왕건은 도선의 이 '비보사상'을 국정에 적극 수용, 도입하여 국정운영에 대입시켰다. 이것이 지나쳐 특정지역을 중시한다든가 혹은 배제시키는 등 자기 상황에 맞게 활용했다. 이를테면, 어느 지역은 반란을 일으킬 형세거나 임금에게 배역하는 모습임으로 그 지역 백성은 등용해서는 안 된다는 식의 논리를 폈던 것이다. 바로 왕건이 남긴 훈요십조에 차령산맥 이남과 금강 밖은 산수의 형세가 배역하는 형세로 앉아 있기에 기용을 삼가하라는 훈계를 문서로 후세에 남기기까지 했다. 하지만 풍수의 대가가 당시의 정치적 상황을 지리적 요소에 억지 적용시킴으로서 낳은 잘못된 풍수의 길을 선택했다고 볼 수 있겠다. 당시의 정치적 상황이란, 신라, 후백제, 후고구려의 후삼국시대에 신라는 순응하며 후고구려에 투항한 반면 후백제는 끝까지 반항하였기에 이에 대한 보복으로 그리고 이들이 언제 또 반란을 일으킬지 모른다는 우려였다. 왕권 강화차원에서 활용되었던 풍수사상은 점차 귀족세력에게로 번져갔고 더 나아가 민간에게도 파고 들어가 점점 미신적인 요소가 강하게 남게 되었다. 이 때부터 풍수는 백성들의 생활과 밀접한 관계를 가지면서도 한편으론 미신이라는 부정적인 요소로도 확장되어 갔다.

한편, 고려시대는 계속되는 무인 세력들의 내부 혼란과 외침 등 전란을 탈피하고자 하는 현실도피가 강하게 나타나기 시작하였다. 자연발생적인 이러한 사회현상은 주로 풍수지리와 도참 등의 신비주의로 성행하게 되었다. 태조 왕건이 풍수의 신비를 깊이 믿고 있었기에 고려 건국 초부터 풍수도참사상이 이어져 내려왔으나 차츰 민간으로 퍼지면서 그 위력을 발휘해왔다.

조선 개국 당시에도 한양천도에 적극 등장한 것이 바로 풍수사상이다. 신진사대부들은 풍수사상에 적극적 비판을 가해왔지만 이성계는 받아들일 수가 없었다. 더욱이 친분이 두터운 무학대사 역시 풍수의 대가였기에 한양 천도에도 풍수지리가 결정적 역할을 했다. 무학대사가 궁궐터를 잡을 때 인왕산을 주산으로 삼고 북악산을 좌청룡으로, 남산을 우백호로 삼으려 했다. 그러나 성리학자인 당시의 실세, 정도전은,

"자고로 제왕은 남쪽을 향하여 다스렸고 동쪽을 향하여 다스린 것을 보지 못했다."

며 적극 반대하여 지금의 연희동 쪽으로의 궁궐터 잡기는 무산이 되고 지금의 자리에 경복궁이 세워지게 되었다. 이를 탄식하며 무학대사는,

"내 말대로 하지 않으면 200년 뒤에 내 말이 생각날 것이다."

라고 예언했다는데, 이 예언은 거의 맞췄다고 볼 수 있다. 이 상황을 이미 고려건국 초에 도선국사도 예언했다고 하니,

"국도를 정할 때 중의 말을 들으면 나라의 운명이 연장될 것이나, 정가의 말을 들으면 5세대가 되지 못하여 혁명이 일어나고 200년 안에 난리가 일어나 백성은 어육이 될 것이다."

예언한 대로 세조찬탈이 발생하고 200년 안에 임진왜란이 일어나 백성들은 어육과 같은 삶을 살아가야 했다.

무학대사와 관련해서 전해오는 또 다른 유명한 이야기도 풍수지리에 근거하기에 소개하자면, 그가 지금의 서울 왕십리 땅(당시엔 경기도 땅이었다)을 돌며 지형을 살피고 있는데 한 늙은이가 소를 타고 가다가 소의 등을 채찍으로 내리치면서,

"이 소는 미련하기가 꼭 무학과 같구나. 좋은 곳은 버리고 엉뚱한 데에 와 찾다니."

당연히 깜짝 놀랐을 무학대사가 이 늙은이에게 어디가 좋겠냐고 물었다 한다.

늙은이는 채찍을 들어 서북쪽을 가리키며,

"십리를 더 가라."

하고 사라졌다고 한다. 늙은이가 가리킨 십리 밖이 바로 오늘날의 경복궁이다. 무학대사와 늙은이가 만났다는 곳이 바로 지금의 왕십리가 되었고 왕십리에는 지금 무학여고가 있다. 소를 몰던 늙은이가 바로 도선의 귀신이라며 그 후 전해지고 있다. 이처럼 도선은 당대뿐만 아니라 후대에 이

르기까지 풍수지리에 있어서 독보적 자리를 차지하며 지존으로 그 권위를 인정받아왔다. (김윤경이 쓴 『청소년을 위한 한국철학사』, 두리미디어 발행 참고)

이 후 조선시대에 들어와서는 고려의 왕건처럼, 땅이 최고권력(왕권)의 자리까지도 정해준다고 하는 풍수지리설이 민간에 퍼질 것을 우려해 풍수와 불교를 억압한 억불정책과 함께 풍수지리설의 유포를 국가운영의 지배 차원에서 금지했고 풍수지리가인 지관들을 중앙정부가 관리하게 되었다. 그러나 민간 사이에 여전히 존재하고 전수되긴 했지만 내놓고 할 수 없는 사회적 상황으로 인해 음성적으로 번져나갔을 뿐이다. 이로서 풍수는 체계적 학문임에도 불구하고 오히려 추측이나 예언처럼 받아들여질 수밖에 없었다. 이는 정확한 풍수의 원리가 마구잡이로 남발되면서 왜곡되어버린 결과를 낳고 말았다. 시대상황이 풍수를 제대로 인정하지 못하게 된 것이다. 풍수가 제 대접을 받지 못했다는 말이기도 하다. 하지만 백성들 사이에 회자되곤 하는 민요에서도 풍수사상은 자주 등장하는데 그 중 판소리 흥부가의 한 구절을 소개하면,

흥부가 좋아라 하고 중의 뒤를 따라 가는듸 저 중이 가다가 우뚝 서더니만 이 명당을 알으시오 배산임수 개국허고 무림수죽이 두른 곳에 집터를 제혈하는듸 명당수법이 완연하구나. 감계룡 간좌곤향 탐랑득 거문파 반월형 일자안에 문필봉 창고산이 좌우로 높았으니 이 터에 집을 짓고 안빈하고 지내면 가세가 연발하여 도주의 돈 비길데요. 자손이 장성하여 삼대진사 오대급제와 용지불갈 취지무궁하여 그럴 것이 없으리라. 입주 자리에

도 말뚝을 꽂아놓고 한두 걸음 나가더니만 인홀불견 간 곳 없고나. (중략) 그제야 흥부가 도술인 줄 짐작하고 공중을 향하여 무수히 사례한 후 있던 움막을 뜯어다가 수숫대 저름대로 그 터에다 성조한 후 첫째 집안에 우환 없고 부자들이 병작이라도 논마지기씩 붙여주고 살기가 차츰 나아가니….

집터를 고르고 그 집터를 잡고난 후 자식 출세하고 돈 잘 벌리고…. 가정이 잘 풀렸다는 양택풍수의 모범적인 사례를 판소리 흥부가에서도 엿볼 수가 있다.

지금도 대통령을 선출할 즈음이면 으레 고개를 들고 나오는 것 또한 풍수이고 보면 풍수가 움리 미신이며 비과학적이라고 비판하고 비난을 해도 무시할 수 없는, 오히려 어느 기성종교보다도 숭앙되고 있음을 이런 사실들이 입증하고 있지 않을까.

하늘과 땅과 사람은 서로 떼어놓고 생각할 수 없는 존재들이기 때문이다. 자연을 거역한다는 사실의 두려움에서 벗어나 자연과의 합일, 융화로서 이제 풍수에 빠져들게 될 것이다.

# 간산을 대신한
## 실전풍수로 늘어나는 실력풍수

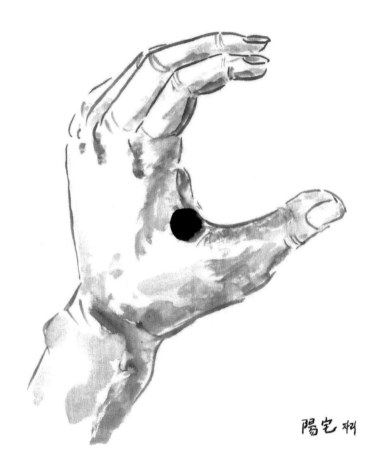

陽宅 자리

풍수화첩 1

# 풍수화첩 1

풍수는 사람이 스승이 아니라 자연이 스승이다. (『土와 命』조광)

    풍수는 산과 물 그리고 바람의 원리를 사람에게 적용시킨 학문이다. 풍수는 왜 이러한 곳에 모여 살고 그 사람들의 편리를 위해 길을 어떻게 내는가를 알 수 있는데, 산과 물에다 바람을 합쳐 이것이 사람에게 어떤 영향을 주는지 밝혀내어 널리 사람을 이롭게 한다는 것을 바탕에 두고 있는 것이다. 풍수지리는 세 가지를 알면 학습의 최종 마무리가 된다고 볼 수 있다. 그 세 가지란,

    첫째, 사람은 지은 업대로 묻히는데, 그 업의 내용을 읽는 법.

    둘째, 기의 흐름을 읽는 법.

    셋째, 음택과 양택의 연관성을 읽는 법이다.

    풍수를 이해하기 위해 그림에서처럼 자기의 손을 감아쥐어 보자. 양택이든 음택이든 좋은 자리는 엄지와 검지 사이 움푹한 곳이다. 그 곳 양쪽 주변을 산이 둘러싸여 있어 들어온 바람을 가둬두고 세찬 외부의 바람을 감싸 안으며 바람을 재운다. 엄지 쪽을 감아준 산을 우백호라 하고 검지 쪽을 감아준 산을 좌청룡이라 한다. 여기서 좋은 자리는 손가락을 양 옆으로 벌리지 말고 감아줬을 때의 형상 중심에 위치한다는 것. 좌청룡은 남자와 명예를 우백호는 여자와 재물을 관장한다.

    또한 손과 같이 우리 몸에서 풍수에 적용되는 중요한 곳이 있다. 바로 여자의 몸에 생산을 의미하는 여성의 은밀한 곳이 바로 그곳이다. 명당이

란 혈 앞에 기가 모이는 곳으로 정확한 표현을 빌자면 명당은 정혈이다. 명당, 즉 정혈은 여자의 생식기에 해당하는 땅으로 모든 명당자리가 이와 유사한 형상을 품고 있다. 명당의 자리에 앉으면 마음이 우선 편안해진다. 산이나 강 등 주변의 모든 자연이 명당을 억누르지 않으며 감싸오고 있음을 느끼기 때문이다. 명당에서는 포근해진다.

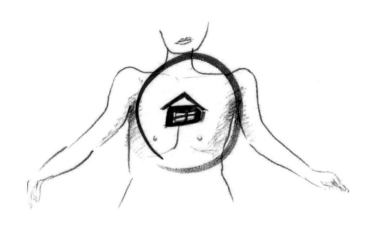

풍수화첩 2

# 풍수화첩 2

집은 지혜를 기초로 지어지고 총명으로 견고하게 되며, 그 방들은
지식을 통해서 여러 가지 진귀하고 아름다운 보물로 채워진다. (『구약성서』 잠언)

거주공간(집)과 그곳에 있는 사람들(거주자)의 기(생기)의 상호작용을 풍수라고 할 수 있다. 자연과 사람은 서로 생기라는 보이지 않는 힘에 의해 서로 감응하는데, 이렇게 만들어진 기가 끊임없이 거주자들의 에너지, 행동, 더 나아가서는 운명에도 영향을 미친다. 기氣란 바람과 물처럼 흐르는 것이기 때문이다. 집안과 신체 안에서 기의 흐름을 에너지의 강江이라고 생각한다면, 이상적인 신체의 기 상태는 강하면서도 부드럽고 긍정적이어야 한다. 이런 에너지가 신체 곳곳에 막힘없이 고루 퍼져 있어야 한다.

그림에서 가슴 쪽에 집이 놓였다고 하자. 가슴을 앞으로 내밀었다고 상상해보자. 어깨보다 집이 튀어나온 듯한 느낌이 들면서 왠지 불안하고 편하지가 않다. 이런 집은 외부의 바람에 더 큰 영향을 받게 될 것이요 그 바람을 잠재우기는커녕 오히려 바람에 집이 흔들릴 것 같다. 바람의 힘이 집이 가지고 있는 기운을 몰아내며 덮쳐오고 있다. 집쪽으로 바람 대신 공이 달려든다고 생각해보자. 공은 바로 튕겨나갈 것이다. 이런 집은 강가나 논가 또는 낮은 구릉에 새로 지은 듯 단장한 듯 잘 꾸며진 모습으로 눈에 종종 띄지만 대체로 가족 중 언청이나 벙어리가 나올 수 있다. 이런 터라 해도 벌린 양손이 가슴을 모으며 안아줄 때는 다르다. 집이 어깨 안쪽으로 조용히 앉은 형상으로 상상이 될 것이다. 이런 집은 앞의 집과는 달리 앞

마당(터)이 넓은 편이다. 우선 보기에도 답답하지 않다. 이런 터에 집이 있으면,

첫째, 태양의 덕을 마음껏 볼 수 있어 좋다.

둘째, 통풍이 잘 된다.

셋째, 사생활을 보호받을 수 있다.

넷째, 설계하기 편하다.

는 이점을 가진다.

역시 집을 가슴으로 감싸 안은 형상은 양택으로 좋다. 집 쪽으로 공이 날아와도 그 공을 집이 끌어안는 듯한 기분을 느낄 수 있을 것이다. 밖에서 날아 들어온 공이 집안으로 자연히 안착한다.

풍수화첩 3

# 풍수화첩 3

의사는 생명을 다루고 지사는 운명을 다룬다. (『土와 命』조광)

혈의 중심이 좌坐이고 그 맞은편이 향向이다. 좌와 향을 합쳐 좌향이라고 하는데, 부부 묘를 쓸 경우, 남자와 여자의 위치가 결정된다. 절을 하는 쪽, 즉 절하기 전 서 있는 그 자리에서 좌측이 남자의 자리이고 우측이 여자의 자리이다. 이를 남좌여우男左女右라고 하는데 헷갈릴 경우가 종종 있다. 묘가 앞을 바라보는 쪽(향), 즉 묘의 위치에서 바라보는 방향으로 좌와 우를 결정하기 때문이다. 그림처럼 묘 뒤로 가서 묘를 등지고 있을 때 男左女右가 결정된다. 혈이 아무리 좋아도 좌향이 어긋나면 모든 것이 다 허사가 된다. 여자에게 남자 옷을 입힌 것 같고 남자에게 여자 옷을 입힌 것과 같다.

또 바른 혈을 이루자면 부富·귀貴·손孫, 이 세 가지 요건이 고루 잘 갖춰줘야하기에 이 세 조건을 3합이라고 한다. 풍수지리는 결국 길흉화복을 좇는 일인데 3합의 원리가 우선 적용되어야 한다. 또 방위를 알려주는 패철이란 도구를 우선 활용하려고 하지만 처음부터 기계에 의존하면 산세나 형세의 흐름을 느끼고 배우기보다는 기계적인 사고에 빠지기 쉬우므로 가능한 나침반이라든가 패철 등을 제켜두고 산 전체를 눈과 가슴으로 이해하려는 자세부터 배워가도록 한다. 좌향이 결정된 뒤, 묘지를 정할 경우 혈의 중심(시신이 안장되는 자리)을 옳게 찾아 최적의 자리에 안치하도록 한다. 이를 재혈이라고 하는데, 같은 자리라도 그 방향이나 위치에 따라 그 영향은 전혀 달라질 수가 있다. 모든 조건이 명당임에도 불구하고 자손이 어긋나는 것은 자리를 잘 잡고도 결국 시신이 묻히는 곳을 정확히 잡지 못한 재혈의 누를 범했기 때문인 경우가 허다하다. 조상이 누워 쉬는 곳이 편치 않으면 그 기운이 넘쳐날리 없다. 생기를 막고 죽이는 꼴이 된다.

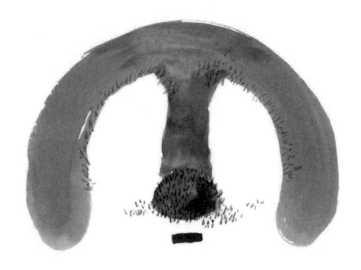

풍수화첩 4

# 풍수화첩 4

이곳이 바로 자기가 여태 찾아다니던 명당이라 확신했다.
'구룡이 구슬을 갖고 노는 자리'다.
곧 길일을 택해 부친의 묘를 이장하기로 했다. (『동양의 지혜』)


조선시대, 남사고라는 선비가 살았는데 워낙 머리가 뛰어나 역학과 풍수지리에도 능통했다 한다. 아버지가 돌아가시자 명당을 찾아 헤맸고 조금이라도 더 좋은 자리라면 다시 이장을 해 묘를 옮기곤 했다. 재주가 비상한 탓에 어느 묘 자리도 마음에 들지 않고 더 좋은 곳만이 보였던 게다. 또 더 좋은 명당자리를 찾고 있던 중 동쪽으로 흐르는 강 가운데에 작은 봉우리를 두고 서쪽에서 아홉 개의 작은 산들이 뻗어있었다. 마치 아홉 마리의 용이 구슬 한 개를 가지고 노는 형상을 하고 있는 듯했다. 남사고는 바로 이곳이 명당 중의 명당이라며, '구룡이 구슬을 갖고 노는 자리'임을 확신하고 길일을 찾아 아버지 묘를 이장하고자 했다. 아홉 번째 묘를 옮기는 중이었다. 마침내 이장을 하는 날, 하관을 하려는데 처음 본 총각이,

"내가 마신 술은 술이 아니라 구곡루로구나."

하며 소리 높여 울어대기 시작했다. 그러나 여기서 그치지 않고,

"아홉 마리 뱀이 개구리를 차지하려고 다투는 곳이로다. 아홉 번 옮기고 통곡하는 남사고야."

하는 것이 아닌가.

아버지의 시신을 하관 중이던 남사고가 화들짝 놀라 사방을 살펴보니

묘가 제자리를 잡지 못하고 원 위치보다 조금 아래로 내려와 아홉 마리 뱀이 개구리와 다투는 형상이 된 것이다. 그러나 다시 옮길 수 없었다. 당시 국법으론 백성들은 묘를 아홉 번 이상 이장하지 못하도록 되어 있었다. 남사고는 결국 땅을 치며 통곡할 수밖에.

조상을 명당에 모시고 발복을 아무리 바라도 덕이 없는 자손은 그 명당을 차지하지 못하고 다시 나오게 되기 마련이다. 인간의 재주와는 전혀 상관이 없다. 인간의 재주는 자연의 힘 앞에서 전혀 무용지물이다. 덕과 신의를 저버리는 사람은 금수만도 못하다는 것을 땅도 아는 것이다. 땅에는 반드시 주인이 있다.

그림은 묘(혈)를 쓸 때 묘 주변을 좌청룡과 우백호, 그리고 조상의 생기를 받을 수 있도록 부모산 주산과의 맥을 흙으로 돋아 인위적으로 만든다. 풍수에 대한 믿음을 보여주는 전형이다.

풍수화첩 5

# 풍수화첩 5

사람이 사는 인생이란 마치 문틈으로 흰 말이 달려가는 것을 보는 만큼이나
빠르게 지나간다. (장자)


아무리 좋은 자리라도 혈(묘) 가까운 곳(50미터 이내)에 큰 변화가 생겼다
면 그 지세는 바뀔 수가 있다. 없던 길이 묘 양편으로 생겨나니 땅값이 올
랐다. 하지만 자손 중(장손)에 특별한 이유 없이 마음이 초조해지고 남을
기피하는 일이 잦아졌다. 친한 친구마저도 만나기가 두려워졌다. 심해서
협심증을 의심할 정도였다. 그림의 아래쪽 묘는 적지만 그 나마라도 맥을
타긴 했다. 이러한 증세가 덜했다. 그림의 경우는 새 길이 나면서 좌청룡
우백호가 감싸기는커녕 오히려 묘 양편을 갈라놓고 있다. 이러한 묘터는
후손 중에 자살한 사람이나 자살할 사람이 나오기 쉽다. 세찬 바람이 새
길을 따라 양쪽에서 치고 들어오는 형세이기 때문이다. 이장을 하기로 결
정했다. 묘를 옮기고 나니 그 전 앓았던 협심증이나 대인기피증이 싹 사라
졌다고 한다. 오히려 길이 나기 전보다도 마음이 편해지면서 친구들을 자
주 만나며 더 활달해졌다며 주위에서 놀란다고 한다.

개발이라 하여 여기저기 산야들을 무자비하게 파헤치고 있다. 편의에
의해 굽은 길을 똑바로 펴는 일을 자주 보지만 이런 개발로 인해 자연이
그 생기(기운)를 잃고 끊기게 되는 경우도 개발의 빈도와 같이 늘어나고 있
다. 외국의 경우, 특히 선진국의 경우 길을 낼 때도 자연(경관까지도)을 가능
한 손상시키지 않으면서 자연 그대로를 최대한 살리면서 길을 내려는 섬

세한 주의를 하고 있는데 반해 우리는 사정이 다르다. 생활의 편의를 위해 자연은 그 뒷전이다. 이러다보니 땅의 기운이 약해지고 그 흐름을 방해함으로써 점점 산의 생기는 미약해진다. 일제강점기 때 산에 손가락 굵기의 쇠말뚝만 박아도 그 산의 정기가 사라진다 했거늘 하물며 8차선 도로니 4차선 터널이니 하며 자연을 훼손하고 있으니 그 폐해는 얼마나 크겠는가를 상상해 보자.

인구가 줄어들고 아이를 낳지 않으려는 현상을 사회학자들은 젊은이들의 이기적 의식의 변화라고 하지만 이 의식의 변화도 자연의 훼손에 의한 결과라고 본다. 선진국의 젊은이 역시 이기적이다. 그러나 이런 현상이 왜 우리가 더 심한가? 자동차 등 문명의 이기가 늘어나면서 전에 없던 대형 사고들이 늘어나고 있는 사실도 사실은 이러한 피폐화되는 자연이 늘어나면서 생긴 결과라 할 수 있다. 자연과 인간 사이의 인과는 옛날이나 지금이나 다를 바가 없다. '인걸은 지령'이라고 한다. 땅의 영기가 사람을 낳고 기른다는 말이다. 이렇듯 사람의 생명은 분명히 산에서 온다. 이장으로 그 피해를 비껴가보지만 그에도 한계가 있다.

풍수화첩 6

# 풍수화첩 6

산은 아무리 낮다고 해도 등성이나 언덕과 같을 수 없네.
이렇게 어처구니없는 거짓말을 어찌 막으려고 아니 하는가. 『시경』

낮은 구릉의 옆구리에 쓴 묘들을 흔히 볼 수가 있다. 이는 햇볕이 잘 드는 양지바른 곳이 바로 명당이라는 잘못된 풍수상식이 빚어낸 결과라 할 수 있겠다. 조상을 모실 때 생전 살았던 마을을 굽어볼 수 있는 전망 좋은 터에다 늘 볕이 잘 드는 곳을 택했기 때문이다. 이런 자리는 대체로 마을 뒷산을 차지하는데 가장 흔하게 본다. 마을의 동산은 산의 기운이 순조롭고 부드럽게 전해지기에 명당은 아니더라도 좋은 터로는 손색이 없다. 반대로 산악이 험하고 높으면 보이는 것과 같이 땅 에너지가 넘칠 것 같지만 실제로는 기의 흐름이 멈춰있어 큰 인물이 나기엔 적합지가 않다. 소위 명산엔 명당이 없다는 말도 이로부터 유래한다. 높이 위로 솟은 산들은 보기에는 좋을지 모르나 땅으로 흘러야 하는 생기가 하늘로 솟고 생기가 멈춰 있다. 그러나 마을 뒷산에 묏자리를 쓸 때 방위는 둘째 치고 우선 햇볕을 먼저 보기에 맥이 무시되는 경우가 많다. 맥은 산의 기운에너지가 흐르는 통로로 땅 속으로는 생기가 움직이는 곳이다.

그림에서 맥 옆에 쓴 좌측의 3기의 묘들은 그 맥을 이어받질 못하고 있다. 이를 사맥 즉 묘를 죽은 맥에 썼다고 한다. 이런 묏자리는 아무리 볕이 잘 든다해도 파묘를 해보면 상당수 묘 안에 물이 꽉 찬 대다가 냉혈이기 쉽다. 하지만, 그 옆의 3기의 묘는 좌청룡 우백호 등을 제쳐두고라도 일단 맥 위에 썼다는 데에서 전혀 어긋난 묘 터는 아니다. 더욱이 비록 미약하지만 좌청룡이 뚜렷하다. 이런 경우 후손 중에 낮은 직위의 공직은 얻을 수 있다. 그림에서 또 주의해서 볼 것은 집터이다. 집터는 골(골짜기)에 써서 풍수에서 가장 안 좋은 터를 잡고 앉아 있다. 소위 '골로 간다'는 말은 이런 경우로부터 출발했는데, 골에 집이나 묘를 쓰면 한순간에 흉한 일이 벌어질 수가 있다. 홍수의 피해라든가 바람으로 인한 피해를 졸지에 받게 된다는 말이다. 이런 집들 역시 흔하게 보게 되는데, 바람을 막을 수 있다 하여 바람만을 의식한 터 잡기에서 물의 흐름이 무시되었기에 그 화를 면치 못하게 된다. 단, 나무들을 심어 그 화를 면해보려는 비보풍수를 응용한 것은 천만다행이라 아니할 수 없다.

풍수화첩 7

# 풍수화첩 7

땅이란 흙이 모인 곳으로, 흙이란 천지사방을 모두 메우고 있기 때문에
걷고 밟고 하는 모든 것이 다 땅에서 하고 있는 것이다.
땅 역시 무너질 리 없다. (『천명』 문이당)


기우杞憂라는 말은 쓸데없는 군걱정을 한다는 뜻이다. 옛날 기杞 나라에
하늘이 떨어지고 땅이 꺼질까봐 그 걱정이 지나치다 못해 잠도 못자고 밥
도 먹지 못하는 사람이 있었다.

이를 우려한 친구가,

"이 사람아. 하늘은 기가 쌓인 것에 지나지 않네. 기氣란, 어디라도 있
는 것이라서 우리가 몸을 굽혔다가 폈을 때도 기는 생기고 숨을 들이쉬고
내쉴 때도 기는 남아있다네. 하물며 저 큰 하늘이야 그 담고 있는 기가 얼
마나 크겠는가. 그러니 하늘이 떨어질 리가 없네. 걱정 말고 밥부터 드시
게."

하니 걱정 많은 기 나라 사람은,

"저 해나 별, 달은 어떤가? 곧이라도 떨어질 것 같지 않은가?"

대답하기를,

"해, 별, 달 모두 역시 기가 쌓여서 된 것이기에 그런 걱정 안 해도 되
네. 기를 발산하느라 저리 빛나고 있다네."

그래도 석연찮은 듯한 표정을 짓던 기 나라 사람은,

"이 약한 땅은 아무래도 무너져 내릴 것 같은데, 보게 이리 쉽게 밀리질

않는가?"

이 때 친구가 다시 말했다.

"땅이란 흙이 모인 곳으로, 흙이란 천지사방을 모두 메우고 있기 때문에 걷고 밟고 하는 모든 것이 다 땅에서 하고 있는 것이라네. 이러니 땅이 무너질 리가 없지."

그제서야 걱정을 풀 수가 있었다 한다. 이 이야기에서 기 나라 사람의 걱정이라는 기우杞憂란 말이 유래되었다.

우주의 모든 사물은 모두 제 자리가 있는 법, 그 자리를 벗어나면 기氣의 흐름이 깨질 수 있다. 이 기운은 대체로 정도를 벗어나기 일쑤인데, 그림에서처럼 맥에 선 자리는 음택의 터이지만 이 자리에 양택인 집(양옥집)이 들어섰다면? 가족들이 교통사고 등 졸지에 사고를 당할 확률이 높다. 맥 자리는 묏자리이다. 집은 맥 안쪽에 지어야 한다. (그림 중 기와집의 자리를 말함)

풍수화첩 8

# 풍수화첩 8

하늘에 구름이 가득하면 비가 쏟아지고,
나무가 남이나 북으로 쓰러지면 쓰러진 그대로 있다.
바람이 분다고 기다리면 씨를 뿌리지 못할 것이며,
구름이 끼었다고 기다리면 추수하지 못할 것이다. (『구약성서』솔로몬의 인생론)

소설의 한 대목에서 명당을 여인네의 몸에 비유하였다. 비약한 점이 없지 않으나 대체로 혈을 잡아내는 방법으로 이해를 돕는데 충분히 도움이 된다. 여성의 몸을 우주의 작은 집약체로 본 점은 풍수의 근본원리가 무척 가깝다고 할 수 있다.

'조종산(= 혈의 뒷산들 중 출발점이 되는 산맥의 뿌리가 되는 산)이라 부르는 땅의 머리는 여인네의 머리 부분이며, 그곳에서 주춤거리고 내려온 작은 줄기가 가슴에 이르러 두 개의 봉우리를 만든다. 그곳에서 다시 더 아래로 내려오면 평야와 우물이 있고 다시 뭉치면 불두덩이라 부르는 주봉(= 현무 또는 주산. 혈을 만들어 놓은 혈의 뒤편의 산)이 있다. 주봉에 이르면 좌청룡 우백호인 양쪽 다리를 만나게 되고 그곳에서 공작새처럼 날개를 펴 따르게 하고는 팔자八字로서 태를 이룬다. 그리고 입수, 음핵 끝을 살짝 들고 잉이라는 요도구를 만든다. 월훈, 대음순을 양편으로 가르고 그 난간에 소음순이라는 육을 그어 물을 떨궈 내리면서 상수, 저음순 교련을 내고 그 밑에 혈토 질구를 맺어 자손들이 꿇어앉을 전대, 대전정선을 마련하고 인목, 후음순 교련으로 하여금 혈 자리를 감싸게 하니 이것이 다시 없는 명당이다.'

취기聚氣는 산에서 내려오는 기가 모여 머물렀다 가는 곳이다. 그 지역의 가장 높은 자리로 약간 도톰하며 가마솥 뚜껑을 엎어놓은 모양이다. 그 바로 아래 혈(혈장)은 취기보다는 넓고 조금 낮은 자리로 묘를 쓰기에 적당한 공간을 이루고 있는 곳이다.

그림의 묘는 바로 취기에 썼기에 자손이 끊기게 될 자리이다. 폐허와도 같이 후손의 손길이나 돌봄이 전혀 느껴지지 않은 묘였다. 꽤 큰 봉분으로 보아 권력자의 묘이거나 재력이 넘치던 삶을 살았던 사람이 묻혀 있으리라고 추정되지만 이에 비해 자손들은 조상의 묘를 돌봐줄 만큼의 넉넉한 생활로 대물림하지 못했음을 묘의 관리 상태로 알 수가 있다. 전해져 오는 이 묘의 이름은 '솟을 묘'로 묘가 점점 위로 솟아난다고 한다. 취기에 쓰여진 묘는 그 생기가 위로 솟아 땅으로 흘러야 할 생기를 밖으로 분출하고만 꼴이 되었다. 취기의 바로 아래에 썼다면 후손들의 삶도 달라졌을 것이며 묘의 상태도 지금과 같이 버려진 듯 황폐화하진 않았을 것이다.

풍수화첩 9

# 풍수화첩 9

한 손엔 막대 잡고 또 한 손엔 가시 쥐고, 늙는 길 가시로 막고 오는 백발 막대로
치려 터니 백발이 먼저 알고 지름길로 오더라. (백발가, 우탁)


옛날 법도에 의하면 집안 어른이 나이 육십, 즉 환갑에 이르면 자식들은
으레 어버이를 위해 미구에 떠나실 준비를 한다. 행자목을 켜서 관곽을 짜
고 그 위에 새까만 옻칠을 두어 차례 거듭 덧칠을 붙이고는 유지로 정성들
여 싸서 뒷켠 처마 밑에 매달아 둔다 했다. 철쇠에 손이 찰싹 붙은 겨울철
한밤중에 그 널쪽한 관이 탕 하고 자지러질 듯 갈라지고 나면 그 몇 달 뒤
나 그 당년에 어버이가 세상을 떠나시게 된다는 미신을 믿었다 한다.

그런가하면 요즘은 웬만하면 보험을, 그것도 종신보험을 들어놓고 자식
의 준비가 아닌 자기 스스로 죽을 날을 기다린다.

과학자 아인슈타인은 한 지인으로부터 죽음에 대해 정의를 내려보라는
질문을 받았다. 아인슈타인 왈,

"죽음이란 모차르트 음악을 듣지 못하게 되는 것이다."

라고 대답했다는데, 이미 죽어 땅에 묻힌 이들을 묘 앞에서 바라보고 있
자면 그가 전혀 연고가 없더라도 그의 삶이 궁금해지곤 한다. 묘의 관리
상태를 보면 그의 삶도 얼추 그려지기도 하지만 풍수문외한일지라도 묏자
리로 그의 살아생전의 삶이 대개나마 추측이 가능하다.

경기도의 북한강변엔 막내딸을 왕에게 시집 보낸 한 아버지의 묘가 있
다. 왕비는 임금인 남편 앞에서 아버지의 묘가 없다며 슬퍼하자 곧바로 묘

를 쓰게 했다고 하는데 명당이라 하여 자리를 잡았을 그 묘에 앉아 있자니 마음이 편키는커녕 불편하기까지 했다. 물론 앞이 탁 트이고 양지바른 곳이라 시선으로는 전혀 답답할 것이 하나도 없었다. 그러나 수십 기의 비가 있었음에도 불구하고 묘는 썰렁했고 넓은 터는 오히려 지나치게 넓어서 더 황량했다. 집터도 마찬가지지만 묘 또한 넓다고 무조건 좋은 것만은 아니다. 명당은 느낌으로 우선 아늑하고 포근하게 감싸주는 곳이어야 한다. 더욱이 그림의 이 묘는 혈 뒤로 맥이 시원칠 못하다. 좌청룡 우백호는 안으로 잘 감싸고 있지만, 음택지 보다는 양택지로 더 적합하다. 마침 앞 강 건너 안산(묘의 앞쪽에 있는 산)은 부봉사로 가마솥을 엎어놓은 듯한 형상을 가지고 있어, 이 자리는 식당이 들어앉으면 손님을 많이 끌 수 있는, 재물을 모으는 터다. 아무리 좋은 터라 해도 그 땅이 제 주인을 만났을 때 비로소 그 기운은 더 힘이 넘친다. 마음이 편치 못했던 이유는 이래서였다.

풍수화첩 10

# 풍수화첩 10

용이 꿈틀거리며 비늘이 일어선 듯 우뚝한 저 소나무 큰 집의 대들보 감으로
백 척도 넘는구나. 하늘과 땅은 생각이 있어 굳세고 억센 나무를 냈는데
눈과 서리 따위가 강한 재목을 주저앉히지는 못하리. (임열 죽애공의 시에서)

사砂란, 혈을 둘러싸고 있는 모든 산수를 일컫는 풍수의 중요한 용어로
서, 주변의 형세 모두와 함께 잘 조화하여 어우러진 전체의 모습을 가지고
길흉을 판단한다. 청룡과 백호는 혈로 드는 바람의 침입을 막아주는 역할
을 하며, 청룡은 아들과 인정을 의미하고, 백호는 딸과 재물을 의미한다.
일반적으로,

* 백호에 편편한 돌이 있으면 후손 중 꽤 높은 직위의 공무원이 배출
  된다.
* 백호의 끝이 갈라지면 참수형 등 극형을 당하는 자손이 나온다.
* 백호가 가늘고 약하면 가난을 면치 못한다.
* 백호 쪽 멀리 있는 봉우리가 명당을 향해 찌르듯 달려오는 모습이면서
  끝이 뭉툭한 모양이면 집안에 과부가 생기고 후손이 끊어지게 된다.

* 청룡이 멈추지 않으면 이사를 자주 한다.
* 청룡의 끝자락이 끊어지고 솟아오른 봉우리가 일어나면 자손이 객사
  한다.
* 청룡이 쌍으로 감싸고 그 사이에 우물이나 연못이 있으면 부귀를 천

하에 떨치게 된다.

＊ 청룡이 힘이 없되 끝에 큰 암석이 있으면 큰 인재가 나온다.

그림이 바로 청룡 끝에 암석과 나무가 놓인 경우이다. 그러나 암석이라도 너무 뾰족하거나 날카로우면 오히려 아들 중에 해를 입게 된다. 그림의 묘는 보기에도 예쁜 바위였고, 묘 주인의 큰 아들은 군수가 되었다. 평소 주인의 삶도 명예를 소중히 했으나 우백호가 약해 자손들이 재물과는 거리가 멀다. 더욱이 묘의 앞산인 안산이 일자문성으로, 일자문성은 지위가 높은 벼슬아치를 배출한다. 그러나 주인의 묘 우측의 묘는 벼슬(군수)을 지낸 아들의 묘로 일자문성이 앞에 있다하나 정면을 향하지 않았고 혈 또한 부모의 묘와는 달리 좌청룡이나 우백호도 없다. 자손의 영화는 이 묘로서는 더 이어지기 힘들다. 재물 역시 모으지 못한다. 부모 곁이 묏자리로 썩 좋은 것만은 아니다. 세종임금이 아버지인 태종의 묘가 있던 헌인릉에서 벗어난 뒤에야 자식들이 그나마 안정할 수 있었던 사례와 비슷하다. 세종임금의 묘가 지금의 여주 땅으로 이장하기 전에는 세종의 아들 세조가 세종의 손자 단종을 죽이는 가족 간의 참극이 일어났었다(세조찬탈).

풍수화첩 11

# 풍수화첩 11

산은 오늘도 침묵으로 실행할 뿐이지 인간적인 정이나 배려가 어디에도 없다.
자연은 냉혹하리만치 원칙의 실천만을 어김없이 수행하고 있다.

『산을 알면 운명이 보인다』 조광

묘 주변에 바위가 유난히 많다. 좌청룡 끝에 바위가 박혀 있고 그 바위
의 형상이 보기에 역겹지 않다. 아담하여 보기에도 좋다. 그림에서처럼 이
런 바위가 좌청룡의 끝자락에 놓였다면 묘 주인의 막내 아들의 삶이 잘 풀
렸을 것이다. 그림과는 달리 좌청룡의 끝이 외면했다면 막내아들이 제대
로 잘 풀리지 않을 것이다. 이처럼 좌청룡의 끝부분은 막내아들의 운명과
밀접하다. 한편 좌청룡 맨 윗부분은 장남과 관련이 있어 문제가 생기면 장
남에 역시 문제가 생긴다. 돌이나 바위가 부드러우면 길석吉石이라 하여
흉보다는 길한 경우가 많다. 바위라도 그 형태의 곱고 거침에 따라 길흉의
전개가 전혀 달라진다. 역시 여기서도 눈에 의한 판단, 즉 눈에 거슬리면
흉으로, 눈으로 부드러운 인상이면 길로서 후손에 영향을 준다. 또 묘 앞
의 바위가 내려앉지 않고 치켜세워져 놓였다면 '묘가 앞이 들렸다' 하여 흉
으로 본다. 바위가 묘보다도 내려앉아야 흉을 면할 수 있다는 얘기다.

박정희 전 대통령 선친의 묘 앞에 역시 바위가 박혀 있는데 바위가 날카
롭다. 이런 것을 '주작이 들었다'고 하며 주작이 들면 돌에 맞아 죽는 자손
이 난다. 풍수에서 돌이나 총은 같은 의미로 쓰이며 맞아 죽는다는 데에
초점이 맞춰진다. 부하의 총에 맞아 죽게 된 일은 이미 운명적으로 정해져

있었다.

덧붙여, 바위산은 대체로 기가 세며 그중 양산, 즉 양기의 산은 기도나 기원을 잘 받아준다. 포천의 운악산과 충남의 계룡산이 이에 해당한다. 양산의 반대로 음산이 있다.

풍수화첩 12-1

# 풍수화첩 12

옛 사람도 말했듯이 밝은 길은 어두워 보이고,
앞으로 나아가는 길은 뒤로 물러나는 길로 보이며, 평탄한 길은 험하게 보인다.
높은 덕은 낮게 보이며, 참으로 흰 것은 더럽게 보인다.
변치 않은 덕은 변해 보이며, 크게 모난 것은 귀퉁이가 없고,
큰 그릇은 늦게 이루어진다.
또한 큰 소리는 울림이 잘 들리지 않고 큰 모양은 형체가 없다. (노자)

국회의원을 수차례 지냈고 국무총리의 자리까지 올라간 인물이지만 평가는 명성과는 달리 높지 않다. 이의 사주에도 정치가로서 권력을 잡는 운명은 아니라고 나온다. 그러나 그는 공직으로서는 최고의 높이라 할 수 있는 국무총리까지 올랐다. 그의 조상 묘 역시 맥이 약하고 맥의 흐름을 타지 못하고 있기에 자손에게 영향을 줄 만한 기운이 돌지 않는다. 이에 비해 집터는 다르다. 반달 터라 하여 마을 전체를 둘러싸고 있는 산들이 모두 마을을 전혀 위협하지 않는다. 산들은 모두 부드럽게 마을을 안듯이 감싸고 있다 마치 산들이 마을을 보호하며 살포시 바라보고 있는 느낌을 받는다. 마을 전체가 안온하고 평온하다. 좌청룡으로 그리 높지 않은 산들이 예쁘게 둘러쳐 있다. 우백호는 토채가 아주 긴 일자문성이어서 자손에게 재물이 풍부할 것이다. 이 마을은 세대수가 많지 않은 작은 동네임에도 불구하고 서울의 명문대 출신들이 많다. 이러한 반달 터의 특징은 뚜렷한 특징은 없이 조용하지만 인물이 많이 나는 곳이다. 국무총리를 낸 집은 풍수를 아는 집안의 어른이 집 뒤로 일자로 평평하던 낮은 구릉에 흙을 20미

터 이상 얹어 산을 더 높이 돋웠다 한다. 이는 산세의 취약한 점을 보완하기 위해 탑을 쌓는 등의 비보풍수에서 유래한 것인데 인위적으로 풍수의 기를 모으려는 노력으로서 자손에서 전달되는 영향을 개선하기도 한다.

반달 터 주변의 산은 대체로 낮은데 이곳에선 학자들이 주로 많이 배출된다. 한편 산이 높으면 위엄이 있어 권력과 연관시킨다. 반달 터는 사방에서 물이 모이는데 물은 곧 돈, 재물을 의미한다. 그림의 집터나 마을 터는 좌청룡이 강한 왼손보다는 우백호가 출중한 오른손을 더 연상케 한다. 형체가 미미하고 미약해보이지만 부드러운 게 특징인 반달 터의 전형이다.

풍수화첩 12-2

풍수화첩 13

# 풍수화첩 13

죽음으로 인해 영혼은 육체를 떠날 뿐이며, 주검은 다만
영혼을 잃은 물체에 지나지 않는다. 죽음은 끝이 아니다. (『힌두교의 이해』 이은구)

자손이 잘 되려면 조상을 명당에 모시면 되지만 한편 잘 못 쓴 묏자리
로 인해 오히려 자손에게 더 나쁜 영향을 줄 수도 있다. 요즘 늘어나고 있
는 화장은 어떤가. 조상을 땅에 모시지 않고 화장을 하면 조상의 기는 받
을 수 있는 것인가. 화장하면 조상의 어떤 기운도 받을 수가 없다. 왜냐하
면 기는 뼈로서 전해지기 때문이다. 화장으로 뼈가 다 없어졌기에 전하고
나눌 기도 없어졌다는 말이다. 이래서 화장을 하면 무해무득, 즉 해도 없
고 득도 없다는 것이다. 이래서 잘못 쓴 묏자리보다는 나을 수 있다.

사람은 죽는 순간부터 육신의 에너지는 물질 원소의 환원법칙에 따라
이산되어 환원처인 자손에게로 오게 된다. 이러한 조상의 환원에너지는
자손이 감지할 수는 없지만 공명현상에 의해 자연히 자손의 생명체 에너
지에 받아들여지고 있다. 따라서 화장으로 육신이 사라지면 그 조상의 영
향력도 소멸되고 만다. 조상의 시신을 화장한 집안은 그 묘에서 주는 음
덕, 즉 조상의 힘이 후손에 전해지는 동조와 파장이 사라졌다는 것이다.
묘를 쓴다거나 이장을 하는 궁극의 목표는 바로 이러한 동조에너지 파장
을 극대화하는 것으로 기울어가는 집안의 기운을 살려낸다든가 병든 후손
을 조상의 음덕으로 낫게 한다든가 하는 적극적 능동적 운명전환의 기회
를 잡는 일이다. 이러자니 좋은 자리를 찾아내야 하는데 그 방법으로 우

선 나쁜 자리를 배척하는 것부터가 급선무이다. 불가장不可葬, 즉 써서는 안 될 자리를 피하는 방법으로, 이를테면 묏자리로서 깊은 산이나 험한 산을 피하고 잡목 잡초가 무성한 곳도 피하고 맥이 전혀 없는 평지도 피하고 음습한 곳도 안 된다. 대체로 깊고 험준한 산 안으로 들어갈수록 혈은 없다고 보면 된다. 이렇게 묏자리로 쓸 수 없는 자리를 제외시키고 난 뒤, 간단히 혈자리를 찾는 방법으론, 산이 둥글면 주변에 혈이 있을 가능성이 높고, 물이 휘돌아 흐르는 거수 지역에도 혈이 있으며, 꿈틀꿈틀 용이 움직일 것 같은 산세를 지녔다면 역시 혈을 찾기 쉬울 것이다. 맥이 모아지거나 맥이 겹치면 혈이 있을 가능성 또한 높다.

그림에서처럼 우리 주변에 흔히 볼 수 있는 묘들로 청룡과 백호가 감아주지 않는(좌우가 바깥으로 벌어진) 공동묘지와 같은 곳에 묘를 쓸 바에는 오히려 화장을 함으로써 흉을 막는 게 더 나을 수가 있다. 힌두교와 불교와는 달리 풍수에선 화장을 하는 순간 영혼도 사라진다고 본다.

풍수화첩 14

# 풍수화첩 14

명당이란, 혈의 기를 두 손으로 한아름 품었을 때 가슴의 위치에 놓인 자리이다.


풍수, 즉 명당을 찾는 방법으로 크게 형기, 이기, 일가, 이 세가지가 있다. 형기는 땅(산)의 모양 즉 산(산맥)의 모양새와 그것에서 나오는 기운을 현장에서 헤아리는 이치이고, 이기는 하늘과 땅의 조화를 다루는 이치이며, 일가는 땅(자연)과 사람의 조화를 다루는 이치인데, 이기와 일가는 현장을 중시하는 형기와 달리 이론적 학술적인 면이 더 강하다. 이기에 치우치는 풍수지리학자들이 많지만 뭐라 해도 풍수는 현장을 무시할 수 없는 학문이기에 산의 생김새와 그 기운을 직접 느껴보는 일이야말로 명당 찾기의 기본이라고 할 수 있다. 부지런히 산을 오르내리는 일로부터 풍수 익히기는 시작한다 해도 과언이 아니다.

좋은 자리, 즉 명당을 찾아내는 일을 심혈법이라고 하는데, 어느 것이나 방법에는 공식이 있기 마련, 명당 찾기 공식이란,

우선 쓸 자리(예정된 묏자리)의 뒷산인 주산(주봉)을 보고 산의 기운의 정도를 파악한다. 이는 맥을 보는 것으로 용이 힘차게 꿈틀하고 있는 모습을 먼저 연상해봄으로써 그 기운을 감지할 수 있다. 우린 일상에서 '맥없다'는 표현을 종종하는데 주산(뒷산)의 모양새가 어깨가 처진 양 힘을 잃고 있다면 좋은 자리로서는 일단 결격이다. 또 너무 지나쳐 울퉁불퉁 요동을 친다면 이는 힘으로 느껴지지 않고 과용이나 극렬도 보이기 때문에 이 또한 좋은 자리라 할 수 없다. 맥은 보기에도 아름답게 힘차다. 눈은 속임이 없

어서 우리 눈에 힘차고 동시에 아름답다면 산의 정기(맥)를 탔다고 보면 된다. 그림에서처럼 맥을 타고 있으면서 묏자리의 바로 뒷산인 주산이 일자문성(산 정상이 한 一자의 모양을 가진 산)을 이루고 있다면 높은 지위에 오를 후손이 나올 자리임을 알려주기에 더더욱 좋은 자리라 할 수가 있다.

둘째로, 쓸 자리(예정된 묏자리)의 앞산인 안산의 모양새를 보고 높이를 따져본다. 산세가 눈에 거슬릴 정도로 거칠거나 또는 너무 완만하면 좋은 자리라고 할 수가 없다. 안산이 묏자리보다도 너무 높아 치켜봐야 한다면 앞이 들렸다 하여 좋은 자리로 치지 않는다. 또 안산이 묏자리보다 낮아 안산들이 묏자리를 향해 우러러보면 묘의 주인은 살아생전 남들로부터 추앙을 받을 직위나 덕을 쌓고 살아온 사람임을 알 수 있다. 그림을 보면, 역시 규모는 작지만 일자문성의 토채가 있고 그 좌측으로 마치 솥뚜껑을 엎은 듯한 모양의 영상사(부봉사)가 높아 꽤 좋은 묏자리라 할 수가 있겠다.

또 봐야 하는 셋째는, 묏자리의 좌우를 감싸고 있는 좌청룡 우백호를 보는 것이다. 청룡·백호가 묘보다 너무 지나치게 크거나 높아 묘를 짓누를 듯한 기세라면 압사형이라 하여 명당으로는 부적절하다. 명당은 주변 산세(지세)와 조화를 이루고 있어야 하기 때문이다. 그림의 묘는 좌청룡에 역시 토채가 놓여 있고 우백호가 두 개나 감고 있어 여자와 재물을 관장하는 백호가 힘을 얻은 지세라 후손에게 돈을 넉넉히 전래할 자리이기도 하다.

또 묘의 앞이나 주변에 물줄기를 보는 것도 빼놓을 수 없다. 그림의 묘는 묘 앞과 안산 사이에 강이 흐르고 있으며 그 강의 방향이 묘를 향해 완만하게 흘러들어옴으로서 부와 권력의 상징은 물을 묘가 끌어안는 형상의 전형적인 명당자리임을 이 그림의 묘에서 일러준다.

　명당 찾기의 눈을 기르는 방법으로 한 가지를 더 든다면, 그림의 묘에서처럼 첫 봉분(묘) 주변이 볼록하게 올라와 묘를 떠받쳐주는 모양으로, 자연스러운 꽃받침이 연상되는 묘 주위 형세는 나쁜 기(기운)를 옆으로 걸러주는 역할을 하기에 이 또한 좋은 자리라고 볼 수 있다. 묘 좌우가 골처럼 깊게 파여 있음을 볼 수 있다. 실제로 후손(가운데 묘의 주인) 중에 이조판서를 지낸 사람이 나왔다.

　명당의 전형을 보여주는 묏자리로서 이곳에 앉아 있으면 우선 마음이 편해진다. 주변의 산세가 묘를 향해 포근하게 앉아 있기 때문이다. 바로 이것이 자연(땅)과 인간과의 감응이요 조화이다.

풍수화첩 15

# 풍수화첩 15

하늘은 영원하고 땅은 무궁하다.
하늘과 땅이 영원하고 또 무궁할 수 있는 까닭은
그것이 각기 스스로 살려고 하지 않기 때문이다.
함께 더불어 살 수 있기에 영원히 살 수 있는 것이다. (노자)

그림의 묘(묏자리)는 먼저 물길을 공부하기에 적합한 풍수교재이다. 잘못 쓴 자리를 보고 배움으로써 잘못된 묘 쓰기로부터 벗어날 수가 있다. 잘못을 제대로 파악하면 실수를 줄일 수 있기 때문이다. 타산지석이라 할 수 있다. 앞서 풍수화첩 14에서는 물길이 묘를 향해 들어오는 예를 보았다면, 여기서는 그 반대를 보게 된다. 묘에서 내려다보면 물길(북한강)이 오른쪽으로 빠져나간다. 이는 들어오던 재물도 빠져나가는 경우로서, 후손은 돈(재물)하고는 거리가 멀다. 이와 같은 묘로 한 재벌 회장의 모친의 묘도 이처럼 물길이 빠져나간 형상을 하고 있는데 이 회장의 말년은 비참하기 그지없다. 국내 법망을 피해 수년간 외국도피생활을 전전하다가 지금은 영어의 몸으로 갇혀 있게 되었다.

이 묏자리는, 바로 앞(안산 또는 조산)에 봉우리가 뾰족한 산이 불쑥 튀어나와있다. 이 뾰족한 산이 강 건너쯤의 거리를 두고 있었다면 문필봉으로 후손 중에 학자나 의사, 변호사가 나올 자리이지만 묘 앞에 너무 바로 치솟고 있어 오히려 묘를 압도하며 짓누르고 있다. 이는 묘 주변의 형세가 묘를 압사하는 형상으로 묘에 나쁜 결과만을 초래할 뿐이다. 이렇듯 문필봉이든 일자문성(토채)이든 영상사(부봉사)든 아무리 좋아 보이는 산도 묘와 묘 주변의 형세와 조화를 이루지 못한다면 아무 소용이 없다. 그림의 묘에서처럼 문필봉(봉우리가 뾰족한 산)이 위로 들렸기에 명당의 자리에서 일단 배제된다. 더욱이 좌청룡이 안으로 감고 있어 묘의 주인이 권력과 유관한 직업이나 직위(유명 야당 정치인이라 함)를 얻긴 하지만 우백호를 보면, 백호 끝에 역시 문필봉이 솟구쳐 있어 여자의 입김이 센 후손이 나올 수 있는 자리이다. 여자를 관장하는 우백호에 위치한, 우뚝한 문필봉은 주장이 강한 여자를 연상케 한다.

그림의 묘는 뒤(주산)로 토채가 있어 묘의 주인이 정치인이었음을 일러주고 있다. 또 강 건너 앞산(안산)들이 묘를 향해 숙이고 있는 형상은 묘의 주인이 꽤나 영향력이 있는 정치인이었음을 암시하고 있다.

이 묏자리에 앉아 있으면 앞서 풍수화첩 14의 묘와는 달리, 전혀 편하질 않다. 터는 높고 넓어 전망이 탁 트여 시야로는 시원함에도 불구하고 왠지 마음은 불안하고 부담스럽다. 평평하게 잘 다져진 봉분 주변은 봉분(묘)과 좌청룡 우백호 사이의 골이 없어 터만 휑하게 넓을 뿐 나쁜 기운을 없애기는커녕 그 기운을 묘로 향하게 하는 잘못 쓴 묘의 전형이라 할 수가 있겠다. 자연을 훼손시키며 큰 주차장을 만들어 놓은 것도 묏자리의 기세를 죽이는 결과를 초래하고 말았다.

이러한 대형 호화무덤은 흔하다. 전망은 뛰어나나 풍수의 기본도 갖추지 않았기 때문이요 무덤의 크기(권위)만을 앞세워 자연을 훼손했기에 자연과 인간의 조화를 무시한, 돈으로 처바른 묘에 불과할 뿐이다. 지나치게 큰 봉분과 비석이 그 부조화에 오히려 초라해 보일 지경이다. 고무신을 신고 비싼 외제 양복을 빼입고 있는 꼴이다. 후손이 온전할 리가 없다.

南

東

西

北

풍수화첩 16

# 풍수화첩 16

위대하게 성취하나 견고해야 유익하다. (주역)

만물이 창조의 힘에 의지하여 생성되니 만물은 곧 하늘과 떨어질 수 없이 이어져 있다 한다. 구름이 지나가고 비가 내리듯 온갖 물건이 그 생김새에 알맞게 움직인다. 그 자연의 생김새(형세)를 보고 이를 인간과의 조화로 이해하려는 작업이 바로 풍수의 길이다.

처음과 끝을 뚜렷이 밝히면 그 중간은 때맞추어 형성되는 것이니 이것이 다 땅에 있고 자연 안에 있다. 과정에서 위대하게 성취했다 해도 견고하지 않으면 무익할 뿐이다. 그림의 묘는 대통령을 오래 지낸 한 정치인의 생가 터이다. 이 생가에 몸을 담으니 무릇 주역의 이 글이 떠오른다.

〈위대하게 성취하나 견고해야 유익하다.〉

견고하지 못했기에 나름의 위대함도 성취하지 못했음을 보여주는 대목이 아닐 수 없다. 우선 풍수에 있어 양택(집터)으로서의 좋은 터는 반달 터인데 바로 이 생가가 그렇다. 왼손을 감아준 안쪽, 엄지와 검지 사이의 오목한 부분의 좋은 터에 생가는 위치했다. 좌청룡이 강해 권력을 쥘 자리지만 우백호는 상대적으로 약해 후손이 재물과는 거리가 멀다. 생가의 뒷산(주산)은 판검사가 나온다는 영상사가 나즈막히 앉았고 생가 건너 정면 먼 산(안산)에 높은 벼슬을 안겨주는 토채들을 무려 세 개나 품고 있다. 좌측으로도 토채 하나가 더 있다. 흔치 않은 터, 심상치 않은 터임을 알 수 있다.

참고로, 풍수에서 동서남북, 방위의 영향력은 크다. 건강과 재운, 사업의 성공과 실패, 권력지향의 성과 등등 지자기활동의 방향이 인간이나 동물의 행동 및 사고의 방향에 큰 영향력을 끼치기 때문이다. 그림에서, 남서방향은 아내(어머니)의 방위로서, 미약하긴 하지만 우백호가 자리하고 있음은 성실하고 유순하며 끈기가 있는 아내를 얻는 자리임을 시사하고 있다. 전직 대통령의 아내는 이런 평가를 후세에도 받고 있다. 또 서북방향은 아버지(남자)의 방위로 그 자리에 영상사가 앉아 있는 형상은 생가의 주인이 권력을 잡게 됨을 암시하고 있다.

생가만을 보았을 땐 이 집터의 수혜자인 전직 대통령은 '위대하게 성취할' 수 있었다. 그러나, 당사자의 삶을 결정짓는 그의 선친의 묘에선 결정적인 흠이 나타나는데, 다음 풍수화첩 17을 보면….

풍수화첩 17

# 풍수화첩 17

### 명산에 명당 없다.

앞서 본 생가 터(풍수화첩 16)에서 그리 멀지 않은 곳에 선친의 묘가 있다. 생가의 뒷산이지만 그 터에 올라가보면 탁트인 시야가 우선 호쾌하다. 산하의 모든 것들이 이 묘를 향하여 굽어보고 있는 형상으로 선친의 묘 건너 멀리엔 생가와 마찬가지로 여러 개의 토채가 보인다. 그러나 전혀 어느 것도 위압하지 않는 형세는 명당으로서 갖추어야 할 기본은 하고 있다.

명산에 명당이 없다는 말이 있다. 산의 기운이 너무 강하면 그 생기가 하늘로 솟구치기 때문에 땅 속으로 흘러야 할 기운이 흩어지고 만다. 큰 산들이 대체로 이렇다. 이런 큰 산의 정상 부분에 혈에다 음택을 쓰면 바로 재앙을 불러오게 된다. 산은 크게 입체구조형과 판에너지구조형, 그리고 선에너지구조형의 세 형태로 나눌 수가 있다. 입체구조형이 바로 큰 산, 명산이 해당되며, 판에너지구조형은 넓은 평야지역이, 선에너지구조형은 낮은 산들이 이어지고 또 이어지는 선(산맥)의 형태를 일컫는다. 음택이든 양택이든 선에너지구조형에서 난 사람들은 통찰력이 뛰어나고 개인의 능력이 출중하나 사당 또는 파당 등 힘이 결집되지 못하고 흩어지는 약점을 가지고 있다. 그림의 묏자리가 바로 선에너지구조형의 전형이다.

이 그림에서 주목해서 보아야 할 것이 바로 묏자리 주변의 바위나 돌이다. 전직 대통령의 부모의 묘 앞에 각진 바위들이 놓여 있다. 이는 돌에 맞아 죽을 후손이 나온다는 암시의 돌이요 바위이다. 돌은 총일 수 있고 칼

일 수 있는 광의의 한 표현이다. 결국 무덤의 바위처럼 후손인 전직 대통령은 총에 맞아 쓰러졌다. 만약 바위가 지금처럼 거칠거나 모나지 않은 둥근 돌이었다면 오히려 큰 인물이 더 날 자리이다. 묘 바로 앞의 각진 돌이 박혀 있다면 후손 중에 뇌사자나 뇌졸증 환자가 나올 수 있다. 조심해야 한다. 또 바위의 위치가 묘보다 위에 있어 앞이 들렸다면 그 폐해는 더 커진다.

추측해보면 전직 대통령의 선친(조상)은 후손의 부귀와 영화 둘 중의 하나를 선택함에 있어 영화보다는 부귀를 선택하여 이 묘를 쓰지 않았을까 싶다. 권력은 잡았으되 그 삶의 끝은 영화롭지 못했다. 견고하지 못했다. 이래서 그의 삶은 끝내 유익하지 못했고 그가 묻힌 음택(풍수화첩 18) 역시 후손에겐 나쁜 영향을 남겨주고 있다.

'위대하게 성취하나 견고해야 유익하다.'라는 주역에 나오는 말씀을 거듭 상기하게 하는 아쉬운 묏자리이다. 처음과 끝의 일관성이 강조되는 묏자리이기도 하다. 일관성이 없는 묏자리이다.

풍수화첩 18

# 풍수화첩 18

달은 점차로 차서 보름달이 되고 다시 기울어져 이지러지게 된다.
어느덧 보름달인가 하면 어느새 이지러지기 시작한다.
이것 또한 하늘의 법칙이다. (『소유』 문이재)


유명 풍수지관이 명당자리를 잡아 썼다 하지만 그 흔한 공동묘지나 동네 뒷산의 옆구리에 쓴 나쁜 자리의 전형을 보여주는 곳에 혈을 잡은 대표적 사례라 할 수가 있다. 산 옆구리에 묏자리를 썼으니 당연히 맥이 끊겼고 산의 끄트머리에 섰기에 그 맥마저 짧다. 또 묏자리 아래로 많이 찾아올 문상객들을 의식해 큰 길을 열어 오히려 취기에 해당하는 땅을 꺼지게 함으로서 그 작은 맥(기운)마저 끊어 놓고 말았다. 이 묘의 주차장이나 도로로 쓰기 위해 국립묘지의 맥을 끊음으로써 다른 모든 묘들이 맥을 탐에 있어 그 영향을 줄이게 되었거나 완전히 맥을 끊어 놓은 꼴이 되고 말았다. 본인도 전순의 취기를 잃었고 남의 운도 빼앗아간 경우가 되겠다. 묘 앞의 낮은 구릉은 국가유공자묘역으로 오히려 이 터가 풍수적으로 전직 대통령의 묏자리보다 낫다. 이 낮은 구릉은 묘의 앞산(안산)으로 들려있음으로서 묘에 나쁜 여향을 끼친다. 다시 말하면 산 옆구리에 쓴 이 묏자리는 골이 시작하는 곳으로 음택으로 써서는 안 될 자리이다. 골바람이 차올라오는 자리인 이곳을 두고 '골로 간다' 하여 가장 꺼리는 곳인데 결국 이 무덤의 주인인 전직 대통령은 결국 골로 가질 않았는가. 또한 맥이 약하기에 자손들이 뿔뿔이 나뉘고 콩가루 집안이 되기 십상이다.

묘(묏자리)는 모두 그 주인을 가지고 있다. 묘에 들어갈 사람의 살아생전의 운명이 그 터에 고스란히 담겨져 있다. 자연을 절대 무시할 수 없음을 일깨워주는 묘의 전형이라 아니 할 수 없다. 역시 산을 알면 운명이 보인다. 역시 인간은 속여도 자연은 속일 수 없다.

풍수화첩 19

# 풍수화첩 19

'언제 어디서 또다시 만나리'가 아니겠는가.
몇 억겁 년, 몇 억만 년 뒤에 또다시 만날까? 만나겠지? (『하늘과 땅과 인간』 고형곤)

"살아서 높은 자리한 자들은 죽어서도 좋은 자릴 차지하고 있네."

화를 내는 누군가의 볼멘소리가 들려온다. 서울 동작동 국립묘지(국립현충원)는 풍수의 기초를 익히기에 충분할 만큼의 사례를 간직하고 있다.

우선 청룡 백호가 고르게 조용하게 예쁘게 감싸고 있다. 방위는 북쪽을 향하곤 있지만 안산(앞산)으로 남산이 토채(서울의 다른 방향에선 산 정상이 일자인 토채로는 보이지 않는다)를 이루고 있으며, 앞으로 한강이 흐르고 뒤로 산을 끼고 있으니 풍수의 기본인 배산임수지로 아주 적절하다. 이승만이나 장군, 국가유공자들의 묘들은 이 터 안의 맥 위에 썼으니 명당의 구비요건들을 고루 가지고 있는 터라는 말이다(박정희 부부 묘는 맥의 맨 뒤 끝에 썼다).

그러나 아무리 넓은 터라 해도 가장 좋은 자리, 즉 명당은 단 한 곳에 불과하다. 서울 동작동 국립묘지 안에서 가장 좋은 터는 이 터를 잡을 당시의 무덤 주인이 이미 차지하고 있다. 그녀는 중종의 후궁이자 선조 임금의 할머니인 창빈 안씨로, 후궁임에도 불구하고 그녀의 자손이 역대 왕위를 계승할 수 있게 되었는데, 그 원인을 이곳 명당 터에서 얻을 수가 있다. 창빈 안 씨의 묏자리(혈)는 국립묘지의 중심에 있으면서도 땅의 기운이 가장 모여 있다는 취기(명당자리론 적절치 않다. 그 아래가 적합하다)에서 약간 아래로 벗어나 있는데다가 땅의 흐름의 정점에 위치하고 있다. 이 창빈 안 씨의 자리에서 보면 멀리 앞산(안산)인 남산의 형태가 토채를 닮아 결과적으로 자손 중 임금이 나올 수가 있었던 것이며, 혈의 뒷산(주산)이 단단히 맥을 타고 있다. 좌우로 청룡 백호가 힘차게 감싸고 있으니 후손이 번창하지 않을 수 없다. 더욱이 한강 물이 묘를 향해 모여들고 있다. 하지만 이 명당은 그 넓은 국립묘지에선 이곳 단 한 군데. 이승만의 묏자리는 맥의 옆구리에 써서 그 맥을 타지 못해 자손이 없고 창빈 안 씨 묘의 위로 장군묘역이나 국가유공자묘역은 제자리(명당)에서 약간 빗겨가 명당의 기운을 다 받지 못하고 있다.

여기선 안타깝게도 나라를 위해 자신의 젊은 목숨을 버려야 했던 고귀한 삶들이 푸대접 받는 현장을 목격하게 되는데, 이들 고귀한 희생들은 모두 국립묘지의 골(골짜기)에 쓰여 있다. 그러나 이는 자식도 없이 일찍 죽으면 맥을 타지 못한다는 풍수의 기본대로 묏자리가 쓰인 결과의 산물이다. 묏자리는 그들의 삶, 자체 그대로의 반영이요 적용이기 때문이다.

볼멘소리에 덧붙여,

"국가를 위해 헌신한 공로가 고작 이런 취급을 받는단 말이야. 죽은 뒤에도 장군이나 대통령의 들러리로만 남아있어야 한단 말이냐고!"

삶의 궤적으로 나타나는 땅은 거짓말을 하지 않으니 풍수가로서 더 통절한 안타까움과 더 애절한 아픔을 달리 누를 수가 없어 참으로 괴로울 뿐이다. 젊은 희생, 모두를 명당으로 다 옮겨주고 싶어 국립묘지나 경찰유공자 묘역을 종종 들리곤 하는데 한참 그들을, 그들의 삶을 우러러보다 끝내 등을 돌리고 나올 때면 울컥 저릿한 마음에 가슴이 미어져 온다. 풍수가로서도 어쩔 수 없는 자연의 섭리에 머리가 숙여질 따름이다.

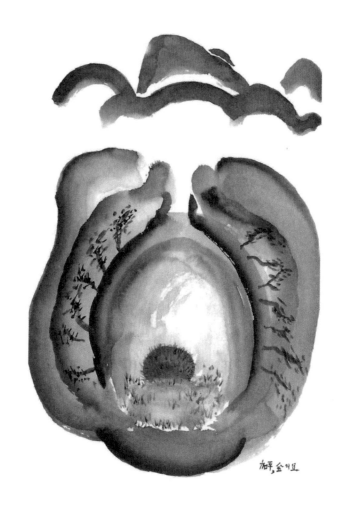

풍수화첩 20

# 풍수화첩 20

산은 남자, 들은 여자를 상징하듯, 남과 여, 양과 음은 서로
조화를 이루어야 한다. 한쪽이 너무 강해도 좋지 않음으로
비슷해야 서로 보완적이 되고 원만하다. (『土와 命』 조광)

모든 것에 수평이 깨지면 문제가 생기기 마련이다. 도로 및 신도시 건설로 남자를 상징하는 산허리가 잘려 나감으로서 여성들의 입지가 날로 강화되고 남자는 점점 더 기를 쓰지 못하게 되는 게 요즘의 현실이 아닌가 싶다. 풍수학에서 보면, 여자보다 남자가 잘 되어야 집안이 무난하고 평온하다. 우백호보다도 좌청룡이 발달해야만 재산문제로 인한 분쟁이 없다. 조상의 묘 중 좌청룡이 부족한 집안은 한결같이 재산싸움에 휘말려 있곤 한다. 돈보다는 명예를 선택해야 가정이 화목할 수 있다. 실제의 경험을 보면, 좌청룡이 외면하고 우백호가 발달하면 경제적으론 부유하게 살고 있긴 한데 유산분쟁 등으로 시끄럽다. 반면, 명예를 관장하는 좌청룡이 발달해 있으면 형제간의 우애와 가족간의 질서가 더 공고했다.

그림의 묘는 명당의 전형으로, 안으로 감싼 좌청룡과 우백호의 끝(= 수구)이 가깝게 붙어 있어 발복이 빠르다. 또 청룡 백호가 나란하고 규모도 엇비슷해 집안의 질서가 잡혀있다. 물(한강)이 청룡쪽에서 백호쪽으로 흘러드는 좌선수에다가 뒷산인 주산은 완만하게 둥근 모양의 영상사로 맥을 타고 있으면서도 땅의 기운이 모여 있다. 묏자리와 청룡 백호 사이의 골도 깊어 나쁜 기운을 수구로 내보낼 수 있는 형상을 가지고 있기도 하다. 혈

의 뒤쪽이 마치 알을 밴 것 같이 봉긋해 보기에도 취기(가장 기가 모여 있는 취기엔 혈을 쓰지 못한다)가 고루 나뉘어져 있으며 묘 앞의 언덕인 전순이 길어 자손의 영화가 오래갈 수 있겠다. 묘 앞 좌측에서 골바람이 불어오지만 좌청룡의 끝이 올라가 이 바람을 막아주고 있어 이의 폐해를 피할 수 있다. 만약 골바람이 묘쪽으로 불면 후손 중 언청이가 나올 수가 있다. 또 좌청룡의 끝으로는 막내의 삶을 예상할 수 있는데 둥근 형상이 볼록하게 올라와 막내아들의 삶이 잘 풀릴 운명임을 시사한다.

이 무덤의 주인이 살아온 모습을 엿볼 수가 있는데, 앞산인 아산이 들쭉날쭉 출렁거리니 대인관계에 있어서 구설수에 오른 적이 많았다. 안산은 완만하고 부드럽게 놓여 있는 게 좋다. 또 안산의 높이는 묘에서 앞을 바라다 볼 때 어깨 높이가 적절하고 묘에 가장 원만한 영향을 준다. 봉분의 양 옆을 선익이라고 하는데 선익으로 자식수와 자손의 부귀영화를 알 수가 있다. 세세한 것은 고차의 경험을 필요로 하기 때문에 전문 풍수가에게 맡기는 게 좋겠다. 묘 정면의 안산 뒤로 어깨 넘어 숨은 듯이 묘쪽을 바라다보는 작은 산이 있는데 이를 규봉이라 한다. 살아생전의 여자관계를 확인할 수 있고 규봉은 첩이나 정부인 외의 여자를 들였음을 알 수 있다.

이 묏자리를 지금의 약간 우측으로 옮겼다면 더 좋았을 것이다. 같아 보이는 자리라도 약간의 차이로 그 후손의 운명이 달라질 수가 있다.

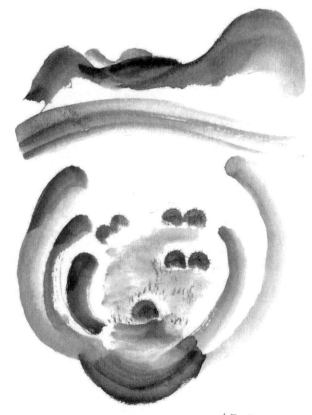

加平, 縣비로

풍수화첩 21

# 풍수화첩 21

대지는 천하의 공물이므로 권력과 금력에 좌우되지 않는다.

『산을 알면 운명이 보인다』 조광)

아무리 돈을 많이 들여 땅을 차지하였다해도 후손에게 전해지는 발복은 3대를 넘기기가 쉽지 않다. 이는 인생사 새옹지마, 또는 전화위복을 떠올리게 하는데, 운명은 한없이 좋은 일로만도, 가없이 나쁜 일로만도 치닫진 않는다는 말로 이해된다. 삶에 있어 곡절이나 굴곡은 절망 뒤의 희망을 소망하게 한다. 운명은 언제나 기복을 타며 길과 흉을 넘나든다. 인생은 운명타기라고 말해도 과언이 아니다. 어떻게 타느냐에 따라 길과 흉이 바뀐다.

그림의 가족묘는 명당찾기의 기본에 충실했다. 우선 뒷산(주산)의 맥을 보면 그리 크진 않지만 봉우리가 둥글게 생긴 예쁜 영상사로 맥을 타곤 있다. 묏자리 앞으로 큰 강이 흐르고 있지만 물길이 묘(혈)를 향해 몰아쳐 들어온다거나 물길이 빠져나가지도 않았다. 이 묏자리에서 가장 주의 깊게 보아야 할 대목은, 좌청룡 우백호가 여러 번 감았다는 사실이다. 좌청룡은 셋(안쪽을 내청룡, 바깥쪽을 외청룡이라 한다)이나 되고 우백호는 둘이다. 청룡이나 백호가 여럿이면 그만큼 그 힘(기운)도 강하다. 많이 감을수록 그 영향도 크다 했으니, 권력과 재물을 모두 끌어들일 명당의 자리임에 틀림없다.

그러나 터의 높이가 너무 낮은 게 흠이다. 도로변에 위치한 이 묏자리는 앞산인 안산이 묘보다 상대적으로 높아 치켜 올라다보는 형상을 하고 있다. 그 반대였어야 대인관계를 나타내는 안산의 영향을 받아 살아생전 남들과의 친분 교분이 원만했었을 것이다. 그러나 이 묘는 대인관계에서 순탄치 않았음을 보여준다. 특히 더 높이 치솟은 오른쪽 안산은 더 강한 사람으로 인해 힘들었을 삶이 예상된다.

또 안산 뒤로 살짝 봉우리만 보이는 규봉(규봉사)이 두 개나 있어 여자 문제가 복잡했거나 이로 인해 배다른 자식들이 많을 것을 시사하고 있다. 더욱이 재물을 관장하는 우백호가 강함으로 가족간 돈 문제로 잦은 불화가 있을 것이 분명하다. 다행히도 좌청룡 역시 강하기에 우백호의 힘을 조종하고는 있다. 명예가 재물을 다스린다고 보면 된다. 참고로, 규봉(규봉사)은 대개 흉사로 치지만 이 그림처럼 명당에 해당될 경우엔 횡재수가 될 수도 있다. 자식이 많다는 것은 길이지 흉은 아니다. 단지 복잡한 여자관계로 속 썩을 일이 많을 뿐이다. 터는 좋으나 너무 낮은 데에 썼기에 후손의 묏자리로 더 아래에 쓸 곳이 없다. 이러니 옆자리에 씀으로써 맥을 타지 못할 뿐만 아니라 방향도 맞지 않게 되었고 자손으로 내려갈수록 묏자리가 더 낮아짐으로서 땅의 기(기운)를 계속 이어받지 못한다. 명당은 아무리 많은 터를 차지하고 있다 하더라도 결국 한 자리에 불과하다. 부귀영화가 자손으로 이어지지 못하는 나쁜 예라 할 수 있다. 더욱이 청룡과 백호 끝의 사이(수구에 해당됨)가 멀리 떨어져 있는 편이라 당대가 아닌 2대째 후에나 발복이 가능하겠다.

당대의 터로는 명당이지만, 역시 금력과 권력으로 좌지우지 되지 않는 자연의 섭리를 읽을 수 있다. 단, 이를 알고 적절하게 대응하는 법, 가족 묠 고집하지 않는다든가 이장 등으로 이를 극복할 수는 있다.

풍수화첩 22

# 풍수화첩 22

꽃이 가는 곳에 따라 향내도 따르듯이 만약 선악의 업을 지으면
따르고 좋은 것이 또한 이와 같다. 모든 새들이 숲에 의지하여
아침에 갔다가 저녁에 도로 모이듯, 중생도 이러하여
선악의 인연에 따라 후일에 도로 모인다. (불교총전)

"아리따운 자연 속에 나의 오만 계신 곳"

묘비가 눈만이 아니라 마음까지 잡는다. 효심이나 성심이 엿보이는 글귀
이자 삶의 행적도 보여주는 기분 좋은 문구이다. 이러한 마음이 결국 좋은
터(명당)를 하늘이 내려줬구나 싶어 절로 마음이 흐뭇해진다. '큰 명당은 착
한 이의 것이다' 라는 말이 있다. 바로 이런 경우다.

그림의 묘는 좌청룡이 하나 감고 있으되(작은 내청룡이 하나 더 있다) 그 힘
(기운)이 세고, 우백호는 최소 세 개가 감고 있고 청룡 백호 끝 사이가 아주
좁아 후손에 끼치는 영향(발복)이 다음 세대로 바로 이어지고 있다. 묘 앞
의 전순의 취기가 매우 길어 발복을 몇 세대에 걸쳐 받게 되겠다.

이 묘에서는 앞산인 안산에 주목하자. 봉우리가 뾰족한 문필봉이 유난
히 많다. 붓끝처럼 새긴 문필봉은 학자나 문장가, 의사 등 책과 펜에 관련
된 고상한 직업을 갖게 해준다고 했다. 유명 풍수지리학자가 소점(= 땅을 봐
줌)했다는 이 묘는 먼 앞산인 조산까지도 묘를 향해 마치 절을 하듯이 숙였
으니, 이는 대인관계나 사업상 남들의 도움이나 적어도 남들로 인한 피해
를 받지 않았다는 말이다. 더욱이 조산이 출렁거리지 않고 잔잔하여 구설

수에 오르지 않은 평탄한 삶을 살았음을 알 수가 있다.

단, 묏자리 바로 앞 전순의 취기가 길고 좋으나 너무 가파르기 때문에 자손의 묘를 쓸 자리가 없다. 이것을 알고 있어서인지 다른 후손의 묘를 쓰지 않고 있다. 완전하고 완벽한 명당은 없다고 했듯이, 이 묘 또한 봉분(묘)의 우측, 즉 우백호 쪽 선익에 날카로운 돌이 있는 게 흠이다. 이는 우백호를 관장하는 여자 후손에게 문제가 생기게 되는데, 딸이나 며느리 중 뇌사나 뇌출혈을 일으킬 확률이 높기 때문에 이에 대비해야만 한다.

이 묘의 주인인 자손들을 보면, 실제로 자식이 사업으로 대성했고 손자 중에 명문대 교수와 외국 유수 대학의 교수 등 학자들이 배출되고 있고, 의사 등 전문직에 종사하는 자손이 많았다.

풍수화첩 23

# 풍수화첩 23

산의 형세는 반드시 수려한 바위로 봉우리를 이루어야만 산이 빼어나고
물 또한 맑은 것이며 또한 반드시 강과 바다가 교류하는 곳에 위치해야만
큰 힘을 얻는다. (『택리지』 이중환)


옛 조선의 형세를 '노인이 중국을 향해 엎드려 있는 자세'라며 우리나라 학자 일부이긴 하지만 국토의 모양새로도 중국에 사대적이었고, 일본의 한 학자는 우리나라를 토끼에 비유하며 폄하하려 하기도 했다. 이에 대해 육당 최남선은 호랑이가 앞으로 튀어나가기 위해 웅크린 자세를 닮았다며 우리의 진취적 기상으로써 정신을 고취시키려고 했다.

산이 주는 기(기운)는 다르다. 누구든 앞 정면을 바라보는 게 등을 돌린 뒷모습을 보는 것보다는 편하다. 산도 마찬가지이다. 눈으로 봐서 편한 곳이 묏자리로도 우선 좋다. 등을 돌린 산은 대개가 북쪽을 향한 산인 경우가 많고 북쪽의 땅은 햇볕이 들지 않아 양기가 돌지 못하고 바람을 막아 습하다. 땅이 좋을 리 없고 땅의 기운이 셀 수도 없다. 음기가 돌 뿐이다.

그림의 묘에 앉아 앞을 내다보면 사위의 모든 자연이 나(묘)를 향해 바라보고 있는 듯하고 나 또한 이들 자연을 편하게 바라보게 된다. 아주 자연스럽다. 단지 전망 좋은 곳과는 다른 느낌인데 그 차이는 전망 좋은 곳은 내가 그쪽을 향해 바라볼 뿐 그쪽이 나를 향해 바라봐주지 않는다. 일방적이다. '아! 좋다' 하지 '아! 포근하다' 하진 않는다. 이 차이이다. 좋은 터는 모든 사람을 포근히 감싸주며 안아준다. 기운(생기)을 받았기 때문이다. 자연을 거슬린 명당은 없다. 자연스러움을 주지 못하는 자리는 아무리 빼어나도 역시 명당이 되지 못한다.

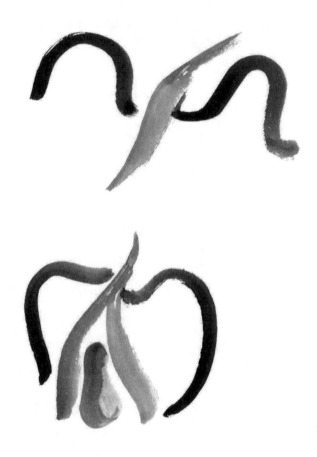

풍수화첩 24

# 풍수화첩 24

푸른 산속을 흐르는 골짜기 물이여. 빨리 흘러간다고 자랑 마라.
한번 넓은 바다에 도달하게 되면 다시 돌아오기 어려우니,
밝은 달이 빈 산에 가득히 비치고 있는 이 밤에 잠시 쉬어가면 어떻겠느냐

(황진이)

풍수는 장풍득수藏風得水의 줄임말이다. 장풍이란, 직사광을 피하고 순화된 바람을 순환하여 공급시킴으로써 혈장을 보호하고 육성하여 바람을 갈무리한다는 것이다. 득수란, 혈장에 에너지가 육성되어 응축되게 하기 위해 적절한 물 에너지를 얻는 것이다. 결국 풍수는 바람과 물을 다스리는 과학이다. 땅의 지기地氣와 장풍득수, 그리고 이를 함유한 혈장의 위치, 이 세가지가 잘 어우러져야만 명당으로서 제 역할을 한다고 보겠다.

산은 강을 건너지 못하고 강은 산을 넘지 못한다. 산은 산대로 흐르고 물은 물대로 흘러 서로 이웃하면서도 만나지 못하지만 둘은 항상 어우러져 솟구치고 흐른다. 이를 요약해 김정호의,〈대동여지도〉에서 산수분수령이라고 설명했다. 분수령이란, 재(고개)에서 양쪽으로 길이 나뉘어 두 지역으로 구분 짓듯, 용맥을 기준으로 물이 양쪽으로 나뉜다는 것을 의미한다. 산줄기와 산줄기 사이에 물이 있고 물과 물 사이에 산줄기가 있음을 말하는 것으로, 지도는 산을 중심으로 그린 것이라기보다는 물줄기를 중심으로 그렸다고 보는 게 더 적합하다. 요즘은 이 물줄기를 대신하는 것이 도로이다.

물로 길흉을 보는 법으로,

큰 강이나 하천이 모이는 곳은 그 힘이 커서 자연스럽게 대도시를 형성하고, 강은 둥글게 감싸는 것이 길하다. 바다와 강이 만나는 곳으로 큰 산이 멈추는 곳에 융결하면 왕후가 나오거나 부귀가 따른다. 계곡 물이 모여 완만하고 조용하게, 그리고 길게 흐르면 좋으나 반대로 곧고도 급하게 흐르면서 큰 소릴 내면 좋지 않다. 또 땅이 움푹한 곳에 물이 모이면 좋고, 비가 오면 물이 급히 불었다가도 금세 마르는 곳은 기운이 헛되이 소모됨으로 빈한해질 수밖에 없다.

황천살을 경계해야 하는데 황천살이란 사람을 치는 물을 뜻한다. 상당수 풍수 지리학자들이 이를 패철을 가지고 방위를 따지려고 하지만 이는 현장을 무시한 탁상 위의 공론에 불과하다. 직접 현장에서 혈의 자리를 기준으로(그 자리에 서서 또는 앉아서) 물길과 물살의 정도를 느낌으로서 알아내면 된다. 밀려오는 물길이 너무 세다거나 양이 지나치게 넘치면 이것이 황천살, 곧 물의 기운이 혈을 압도함으로써 길지가 될 수 없다. 물길이 부드럽고 원만하면 길지로서 맥을 타는 것과 같다. 물이 빠진다면 혈의 기운이 빠져나가는 꼴이 됨으로 이 또한 길지라 할 수 없다.

이렇듯 풍수는 전체 자연을 읽어내는 통찰력과 세세한 변화를 감지할 수 있는 기민성이 요구된다. 거듭 강조하지만, 풍수는 사람이 스승이 아니라 자연이 스승이다.

풍수화첩 25

# 풍수화첩 25

악의 열매가 익기 전에는 악한 사람도 복을 만난다.
하지만, 악의 열매가 익은 뒤에는 악한 사람은 죄를 받는다.
선의 열매가 익기 전에는 착한 사람도 화를 입는다.
그러나 선의 열매가 익은 뒤에는 착한 사람은 복을 받는다. (불교총전)


풍수를 포함한 우리나라 민간신앙의 사상은 다음과 같은 공통된 인식을 가지고 있다.

첫째, 자연과 인간 사이의 세계관은 그 자체의 법칙에 의해 운영되는 것이 아니라 초월적인 힘에 의해 운영된다고 믿고 있다. 풍수사상은 천지의 기운이 생사화복을 좌우한다고 보고 있다. 그러나, 풍수는 추월적인 어떤 힘에 의해서가 아니라 자연 그대로의 힘을 단지 사람의 능력으로 파악하려고 한 것에 불과하다. 초월적인 힘을 앞세운다면 이것은 풍수의 기본도 모르는 처사라 하지 않을 수 없다. 거짓을 늘어놓는 얼풍수일수록 이러한 초월의 힘에 의존하니 이를 경계해야만 한다. 거듭 강조하지만 풍수는 과학이다. 자연의 섭리를 인간의 통찰력과 기지로 이해하여 총합한 학문이라는 말이다.

둘째, 인생의 행복을 좌우하는 것은 건강하게 오래 사는 것, 평안하게 부자로 사는 것이다. 민간신앙은 대체로 이 세 가지에 집중돼 있는데, 현실적인 삶을 민간신앙에 결부시킴으로써 구체적 발복을 원하는 욕구를 충족하고자 하기 위함이다. 풍수 또한 여기서 자유로울 순 없다. 현장을 중시하는 풍수는 전적으로 현실적인 학문이기 때문이다. 그 기초에 통계라든가 경험이 깔려 있고 자연의 이치라는 철학이 내재해 있다. 이것이 다른 민간신앙과 다르다.

셋째, 초월적인 힘 즉, 자연과 이에 의존하며 살아야 하는 인간 사이의 운명론적 숙명론적 세계관과 이러한 운명을 어떻게든 극복해보고자 하는 인생관과의 사이를 좁혀주고 밀접케 하기 위한 종교적 발상으로부터 출발한다고 보고 있다. 다시 말하면 연약한 인간이라는 존재를 초월적인 주술의 힘에 기대어 안녕을 바라는 것으로, 형식적으론 종교적인 의례를 수용하고 있다. 하지만 풍수는 어느 종교와는 상관없이 독자적으로 존재해 왔고 하늘의 뜻을 순순히 받아들이듯이 어느 종교가라도 땅의 의미나 능력을 무시하지 않는다. 풍수는 바로 종교의 힘이 아닌 땅과 바람과 물이라는 자연의 힘에 근거한 논리적인 공식을 가지고 있다. 절대 막연하지 않되 막연하게 사람들을 현혹하지 않으며 모호함이나 신비주의로 유혹해서도 안 된다.

그림의 묘들은 우리 주변에서 강한 흔하게 보는 것들로 양지바른 곳을 찾다보니 비탈린 곳이 묏자리로 정해지게 된 사례이다. 맥을 타지 못하고 바람조차 담아두기는커녕 막지 못하며 양지바르다 해도 물이 괴어 있는 경우가 흔하다. 이런 묘들이 많은 것은 평범하고도 시름에 시달리는 사람들이 대다수임을 입증하는 것이기도 하다. 이렇듯 자연은 사실 그대로를 땅에다가 보여준다.

풍수화첩 26

# 풍수화첩 26

저녁 때 계란을 넣어두면
내일 아침엔 병아리가 되어서 나올 자리입니다. (『천명』문이재)

묏자리에 관한 황당한 이야기는 수도 없이 전해져 온다. 그 하나,

황해도 어떤 마을에 대갓집 마님이 돌아갔다. 집안에서는 당연히 명당자리를 찾았을 것이고 내놓으라는 지관들이 다 모여들었다. 그 중 가장 유명한 지관이 어스름이 짙어질 때에서야 나타났다. 이유를 물으니 오는 중에 봐둔 명당자리를 확인하고 오느라 늦었다고 했다. 그 자리는 계란을 넣어두면 다음날 병아리가 깨고 나올 명당 중의 명당이라고 했다. 이를 엿들은 자가 있었으니 이 집의 머슴이었다. 부모에 대한 효심을 지위고하, 신분의 차이로 평가할 수가 있겠는가. 머슴은 그 말을 듣고 집안의 모든 계란을 다 삶아두었다. 그날 밤, 삶은 계란이 잡아뒀다는 명당자리에 묻혀졌고 다음날, 이를 확인하고는 그 유명하다는 지관은 몰매를 맞고 쫓겨나야만 했다. 삶은 계란이 병아리로 변할 순 없었기 때문이다. 삶은 계란을 넣어둔 그 명당자리는 결국 머슴의 홀어머니의 차지가 되었다.

평지가 솟아올라 있으면 혈이 이루어질 수 있다. 그러나 그 혈과 혈 사이엔 골이 패이기 마련인데 그림의 묘 중 우측의 것이 골에 쓴 경우이다. 가장 나쁜 자리가 바로 골에 쓴 묘로, 바람과 물의 영향을 가장 많이 받기 때문이다. 이를 피하기 위해 묘 주변에 나무를 심기도 하는데 이를 비보라고 한다. 인간의 힘, 즉 인위적으로 자연의 힘을 최소한 막아보자는 의미

가 담겨져 있다. 이러한 비보사상을 전국에 펼쳐 응용한 사람이 바로 도선 스님이다. 비보풍수는 완벽한 혈은 없다고 보는 풍수이론의 보충이다. 그 영향력은 불확실하여 미지수지만 나름의 조화를 꾀한 노력으로 이해할 순 있겠다. 하지만 앞서 든 예의 이야기는 풍수를 더 황당하게 하며 풍수를 인정하고 존중하는 진정한 풍수전문가를 당혹하게 한다. 저녁 때 넣어둔 계란이 다음날 병아리로 변하는 땅은 어느 데고 없다. 이를 믿고자 하는 무지몽매한 중생들을 현혹코자 하는 계략이고 거짓일 뿐이다. 풍수가 과학이라는 사실을 인정받지 못하는 게 바로 이런 예의 전설 같은 이야기 때문도 있다.

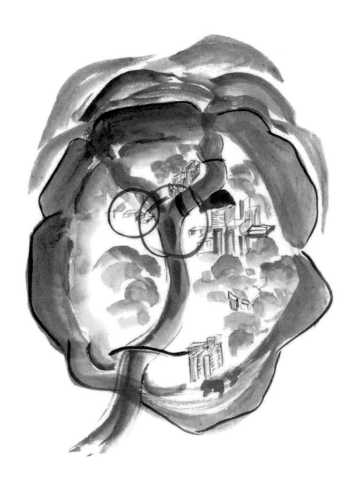

풍수화첩 27

# 풍수화첩 27

마을을 이루고 있는 산세의 흐름을 보며 음택과 양택,
도시까지 보는 원리는 같다. (『산을 알면 운명이 보인다』 조광)

음택풍수가 묘터를 잡는 것이라면 양택풍수는 살 집터를 잡는 것이다.
이에 대해 양기풍수는 도읍이나 도시·마을의 터를 잡는 것이다. 산이 에
워싸서 형성된 에너지장이 적으면 음택이 되고 크면 마을이 생기게 된다.
더 크다면 도시가 될 것이다. 에너지장의 바깥쪽에 음택이나 양택이 들어
서면 여러 가지 폐해를 겪게 된다. 사람은 반드시 에너지장 안쪽에 살아야
한다. 대체로 우리나라의 마을(도시)들이 분지형태를 갖추고 있는 것도 바
로 이 이유이다. 그 대표적인 곳이 서울이다(그림은 강원도 춘천이다).

벌판 한 가운데 집이나 건물을 짓는 경우는 거의 없다. 벌판에는 논과
밭이 있어야 할 곳으로 생산의 장소이고, 벌판을 바라보며 산을 등지고 지
어진 집은 휴식의 공간이다. 산을 등지는 배산背山과 물을 바라보는 임수臨
水는 바위를 뛰어넘는 터잡기의 중요한 요소이다. 방위보다 더 중요시되는
것이 바로 지형이기 때문이다. 지형에서 오는 에너지의 양이 방위에서 오
는 에너지의 야보다 몇배가 강하다.

마을을 형성하는 지형에서 없어서는 안 되는 것이 강과 같은 큰 물줄기
이다. 생활에 필요한 물을 얻기 위함이기도 하겠지만 물은 마을을 관통하
며 기의 흐름을 모으고 때로는 흩어지게 하는 역할을 하기 때문이다. 그림
의 마을은 북한강과 소양강 두 물줄기가 모인 곳을 중심으로 마을 가운데

높은 산 주변으로 배산임수를 지키며 형성되었다. 아주 자연스러운 형성이랄 수 있다. 하지만 이곳에도 신시가지가 만들어지고 있는데 지나치게 인위적이고 주민들의 이해가 깔려 있어 양기풍수의 기본을 훼손시키고 있다. 이렇게 되면 자연스럽게 흘러야 하는 바람이 갇혀 있다거나 들지 않아 그 전에 없던 자연적 피해를 입게 된다. 전에 없던 풍수피해를 자주 입게 된 경기도 파주의 경우가 이렇다. 외국 특히 프랑스나 일본의 경우엔 자연조건을 무시한 도시계획을 생각할 수조차 없다. 자연을 거슬리면서 인간의 편의만을 좇지는 않는다는 말이다. 그러나 우리는 어떤가? 직선 도로를 내기 위해 있던 기존의 길을 놔두고 새로 내면서 산을 뚫고 산을 절개하는 도로건설을 수없이 보며 산다. 자연이 무시된 그저 편리성과 경제성만을 앞세운 이러한 개발이나 건설은 늦었지만 지금이라도 재고되어야 한다. 건축가들은 우선 풍수에 대해 공부하지 않으면 안 된다. 단순한 자연보호차원이 아니다. 그 이상을 품고 있다. 자연을 뭘로 아는지, 자연이 두렵지 않은가, 묻고 싶다. 자연은 보호를 넘어 존중되어야 한다.

풍수화첩 28

# 풍수화첩 28

계곡물이 모여 완만하고 조요하며 그리고 길게 흐르면 인물이 나올 자리이며,
똑바르고 급하게 흐르거나 큰 소리를 내며 흐른다면
오히려 그 반대의 자리가 된다. (『산을 알면 운명이 보인다』 조광)

우리가 흔히 쓰는 기氣라는 말은 과학에선 일괄하여 에너지라고 칭한다. 질량을 가지고 있는 모든 물질은 모두 에너지를 가지고 있는데 질량과 에너지는 같다는 것이 바로 아인슈타인의 질량 에너지등가의 법칙이다. 지구자연에서 질량이 가장 큰 물질은 산(땅)이다. 그리고 땅의 기운(에너지)을 흐르게 하는 것이 물이다. 땅과 물로서 에너지가 결정되는데 이것이 모이면 힘이 되고 분산되면 해가 된다. 핵에너지를 보자. 그 에너지를 모아 방출하면 유용하지만 이를 분산시키면 폭탄이 되어 그 피해는 이루 말할 수 없다.

그림의 마을은 두 물줄기가 완만하게 모여드는 곳(합수)이다. 물의 기가 모인 곳이다. 마을 건너엔 학자를 배출하고 벼슬을 얻게 해주는 일자문성의 긴 토채의성이 마을 좌측, 즉 좌청룡의 자리에 마주 하고 있다. 좌청룡은 명예를 관장한다하지 않았던가. 땅의 기가 명예로 모아진 곳이다. 이것이 합쳐져 더 큰 에너지로 발산하고 있는데 그 결과가 박사의 수를 늘리고 있다. 작은 마을에 유난히 많은 박사가 배출된다 하여 소위 박사마을이란 이름이 붙여졌다 하고 이곳에서 신혼의 첫 밤을 지내려는 신혼부부도 늘고 있다고 한다. 이곳의 정기를 물려받아 공부 잘 하는 자녀를 낳고 싶은

예비 부모의 심정이리라.

이곳은 이 도시에서 가장 먼저 햇볕을 받는 곳으로 빛에너지까지도 힘을 보태고 있다. 우리는 백두산의 정기를 받고 태어났다고 한다. 이래서 씩씩하고 어떤 어려운 여건에도 굴하지 않고 그 기상을 발휘하곤 한다고 한다. 사기충문하고 기운 펄펄 넘치는 기백이 있는 사람을 두고 그 정기를 더 물려받았다고도 한다. 에너지의 세계, 즉 기의 세계를 달리 표현하는 것이다. 보이는 것만이 다가 아니다. 오히려 보이지 않는 이런 것에 우린 움직여지고 있다.

풍수화첩 29

# 풍수화첩 29

산수가 인물을 낳는다. (『택리지』 이중환)

마치 마을 전체를 한 가족의 묘로 쓴 것 같은 느낌이 들 정도로 기획된 묏자리인 듯하다. 일자문성의 주산이 맥이 튼실하고 그 뒤의 산맥으로 이어지는 용맥의 기운이 세차게 뻗어있다. 처음의 묏자리에서 그 아래로 13기의 묘를 쓸 만큼 묘 앞 전순의 취기가 완만하면서도 매우 넓다. 주산과 더불어 앞산인 안산에도 장대한 일자문성이 자리하고 있는데다가 거의 같은 힘으로 강하게 감싸 쥔 좌청룡 우백호의 끝을 이 일자문성이 이어주고 있다. 이러니 인위적으로 보이지 않는 게 이상할 정도이다. 묏자리로 너무나 완벽하다. 이러한 형세는 현실에서 그대로 나타났다. 장군으로 시작한 벼슬은 영의정 등 최고 높은 벼슬로 대를 끊지 않으며 이어갔다.

그런데 불현듯 왜 서유기가 떠올려진 걸까? 삼장법사가 서천 서역국에서 얻었다는 경전이 무자진경無字眞經이라 한다. 글자 그대로, 글자 하나 없는 빈 경전이다. 험난한 고행 끝에 고국 당나라로 가져가야 할 보배를 얻었다고 했건만 그것이 아무 글귀가 적혀 있지 않은 경전이라니. 허망하고 허탈했을 것이다. 참으로 진실함은 말로써는 표현할 수 없음을 의미하는 것쯤은 알아차렸다 해도.

꿈을 지닌 미래보다는 당장의 눈앞의 것에서 더 실리를 찾고자 하는 우리들, 무형의 것보다는 유형의 것에 집착하는 우리들에게 무자진경은 빈 공책을 내놓으며 그 안에 스스로 담아가라고 한다. 아무것도 없는 것이 모든 것을 담아내는 역설로서 빈 공책은 무한의 채움을 시사하고 있다. 진리, 참이란 무엇인가? 참이란 진실일 터인데, 진실은 어디에서 오는가. 자연에서 찾으라고 한다. 자기로부터 얻어내라고 한다. 이것은 글자로 메워진 어느 경전보다도 더 많은 것을 깨닫게 하고 가르치고 있다. 우주 안에서는 절대적이란 것은 없다고 한다. 늘 상대적이고 과학으로 증명된 절대치조차 과학의 발달로 그것이 거짓임이 밝혀지고 있다. 과거의 진실이 현재에선 거짓이 되고 있는 과학의 세계도 이러할진대 하물며 영적 정신적인 세계는?

무한할 것 같은 권력도 재물도 유한했다. 최근엔 후손 중에 국회의원에 출마해 낙선의 고배를 마셔야 했다고 한다. 자연은 또 가르쳐준다. 14기의 묘를 쓸 수 있는 대단한 자리에도 끝은 있었다. 맥의 기운이 다한 것이다.

"나는 죽는 게 조금도 두렵지 않다."

진화론으로 유명한 찰스 다윈이 운명 바로 전에 한 말로 전해진다. 평생 스트레스로 몸앓이를 해왔다는 다윈은 식물학자인 친구에게 다음과 같은 말도 남겼다.

"자연의 작품이 서투르고 낭비적이며 비열하고 조악하며 끔찍하도록 잔인하다는 주제로 악마의 전도사가 쓴 책 같지 않은가?"

자기의 진화론과 종의 선택이란 책을 내려하면서도 다윈은 정작 적자생존으로 최강자가 약한 자를 죽이고 소멸시키는 자연의 이론을 주장하기엔 자연을 거역하는 것 같아 겁도 나고 두려웠던 게 아닐까. 죽는 게 두렵지 않다며, 죽음을 순순히 받아들이고 있는 그는 살아서는 두려움으로 스트레스를 엄청나게 받아야 했다. 그의 마지막 말은 삼장법사가 얻었다는 무자진경의 빈 공책의 빈 자리처럼 대답은 주지 않고 생각만 하게 할 뿐이다.

너무나 완벽한 명당자리를 보면서 '산수는 인물을 낳는다' 했지만, '인물이 산수를 좇는 것'은 아닌가 싶다. 물어도 물어도 무자경전은 여전히 답을 주지 않는다.

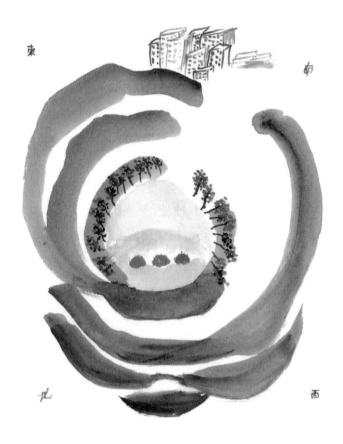

풍수화첩 30

# 풍수화첩 30

하늘의 움직임은 꿋꿋하다.
군자는 하늘을 따라서 스스로 굳세고자 노력하며 쉬지 않는다. (주역)

심리학자 앨런 왓츠는, "사람은 자기가 죽을 것을 알기 때문에 예술, 과학, 철학, 종교를 만들어냈다. 왜냐하면 '생각'에 종지부를 찍을 수 있는 '죽음'에 대한 생각보다 더 사람을 생각하게 만드는 것은 없기 때문이다."라고 주장했다.

자신을 전쟁광이라고 소개하는 한 남자는,

"무신론자라도 전쟁터에서 죽음 앞에 직면했을 땐 유신론자가 된다. 난 경험을 통해 알고 있다. 나만이 아니다. 모든 사람들이 다 그랬다. 내 경우 이번에 살아난다면 꼭 교회를 지을 거라며 살려달라고 부탁했다. 무언지 모르는 존재에 대해 기도를 했다."라고 고백하고 있다.

후삼국을 통일하기 전, 왕건이 후백제의 견훤 군사에 포위되었을 때 왕건의 옷을 입고 그를 피하게 한 뒤 왕건 대신 죽음을 선택한 자가 있었으니 신숭겸이다. 요즘처럼 사진도 더욱이 TV도 없던 시절이라 얼굴을 알 수 없고 의상으로 인물을 가늠했을 터, 가능한 얘기이다. 이에 왕건은 당시 이름이 능산이었던 이 장군에게 새로운 성을 하사하였고, 능산(신숭겸)은 평산 신 씨의 시조가 되었다. 왕건은 자신을 위해 대신 죽은 삶에 대해 보답하기를 도선국사가 왕건을 위해 점지해둔 땅을 내놓기까지 하였다. 그 자리가 춘천에 있는 지금의 신숭겸의 묘이다. 이 터는 우리나라 8대 명당 중의 하나로, 돈과 명예에서 명예를 선택한 흔적이 보인다. 여러 개의 좌청룡이 안으로 세차게 휘돌아 감싸고 있는 반면에 우백호는 미약하다. 이 터는 주산의 용맥이 힘차게 꿈틀거리고 있어 후손에게 미치는 영향이 길고도 강하다. 묘 앞에 해당하는 전순의 취기가 길고 넓어 그 기운이 후손에게 뿐만 아니라 주변의 지세에도 영향을 줘 가까운 곳에 박사마을도 생겨나게 할 수 있었다.

묘 주변의 소나무들을 보면 모두 묘를 향해 기울어져 있어 땅의 기운을 이것으로도 느낄 수가 있다. 개인적인 소견으로는 봉분이 지금보다 조금만 높이 쓰였더라면 금상첨화가 되지 않았을까 해서 아쉽다. 신숭겸처럼 제 명을 다하지 못하고 단명한 사람의 경우에는 혈의 중심에 찾아들지 못한다는 일반적 풍수통설이 있는데 이것이 제대로 적용되었다는 사실을 입증하는 것이기도 하다.

봉분이 3개인 이유는 왕건이 배인 목에 금을 씌워줬다는데 이를 탐내는 도굴에 대비해 두 개의 묘를 더 썼다고 전해진다.

저명한 생물학자이자 노벨상 수상자이기도 한 조지 월드는,

"죽음이란 자기 할 일을 끝낸 몸을 벗어던지는 것이다."

라고 했는데, 조지 월드의 순전히 생물학적인 접근과는 달리 신숭겸은 정신적인 면에서 조지 월드의 주장을 이런 주장이 나오기 훨씬 이전에 일찌감치 실천한 사람이 아닐까.

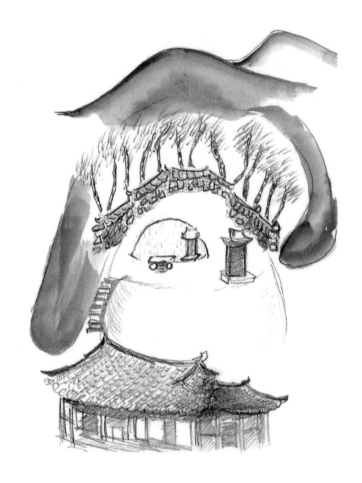

풍수화첩 31-1

# 풍수화첩 31

천지란 만물의 여관이요, 광음이란 백대의 지나가는 길손이다.
그런데 인간의 삶이 꿈과 같으니 즐겁게 사는 것이 얼마나 되겠는가.

「봄밤에 복숭아동산에서 잔치하다」 이태백

74세의 삶에서 18년간을 유배생활로 집밖을 떠돌아야 했던 실학자 정약용은,

"죽은 사람은 뼈가 썩어서 아픔도 가려움도 모르고 오랜 세월을 지나면 흙이나 먼지로 변하거늘 어찌 생존한 사람과 서로 느낌을 통하여 화복을 전할 수 있겠는가."

라며 풍수에 대해 비판적이었다. 당시는 타고날 때부터 쥐고나온 삶을 회기적으로 반전·전환시켜보려는 자들이 늘어나고 있던 때였고 이를 풍수로서 풀려고 하였다. 이렇게 풍수가 유행하자 그 폐해도 점점 커졌다. 얼풍수가 난립하던 시절이었다. 이를 테면 무덤으로 바뀌면서 농토도 줄어들고 있었다. 풍수의 폐단을 지적하단 다산 정약용은,

"살아계신 부모님이 잘 되라고 자식과 마주 앉아 두 손 잡고 훈계해도 어긋나기 쉬운데, 하물며 죽은 사람이 어찌 살아있는 아들에게 복을 줄 수 있겠는가."

라며 풍수를 전면적으로 비난하기도 했다. 박식한 정약용이 '모든 물질에는 에너지(기)를 함유하고 있다'는 과학적 사실을 알지 못하고 있었기에 이런 주장이 가능했다고 본다. 그의 묘는 그가 어렸을 적 형제들과 오르며

놀았을 생가 바로 뒷동산에 쓰였다. 풍수과학을 전혀 의식하지 않았을 터는 그의 인생역정 그대로 보이고 있는데, 뒷산인 주산의 용맥이 중간중간 기복이 심할 뿐 아니라 가까스로 혈에 와 닿아 있고, 앞산인 강 건너의 안산들 역시 안정적으로 이어져있지 못해 그뿐만 아니라 그의 형제들마저도 시세에 휩싸여 살았음을 알 수가 있다. 가파르게 올라가야 하는 그의 묘의 선익과 전순이 급격히 패인 것은 그의 업적이 일순간에 사라질 수 있음을 암시하고 있다. 우백호는 바깥으로 빠져 있어 후손이 재물과도 먼 생활을 영위하였겠고, 좌청룡은 너무 일찍 휘어감아 묘를 바로 치고 있어 이 또한 묏자리로는 적합하지 않았다.

그러나 묘 앞으로 북한강과 남한강, 큰 두 물줄기가 하나로 합수하고 있어 당시는 아니더라도 후세에 명성(명예)을 크게 얻을 수 있는 자리이기도 하다. 이는 정약용도 예기치 못한 결과를 낳고 있는, 미래에 대한 예언을 이미 땅은 알고 있었다는 말이다. 땅을 아무리 부정해도 땅(자연)의 이치는 주의 주장하고는 상관없이 이루어지게 되어있다.

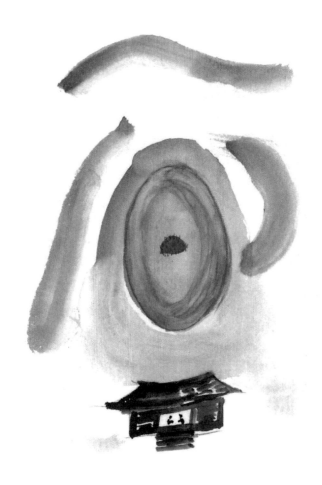

풍수화첩 31-2

풍수화첩 32

# 풍수화첩 32

하늘과 땅과 사람은 따로 떼어놓고 생각할 수 없는 존재들로 서로 유기적인 관계로 맺어있다. (『새로 쓰는 풍수지리학』 이태호)


발명가 에디슨은 혼수상태에서 깨어나자마자 그의 아내에게 이런 말을 했다.

"저쪽은 참 아름다워."

저쪽이란 어느 곳일까? 대통령에게 수시로 보고할 정도였다는 유명인의 죽음을 앞두고 세상의 관심은 대단했을 것이다. 저쪽이란 저승을 의미하는 것일까? 혼수상태에서 저쪽을 보고 왔단 말인가. 그러나 누워 있던 방에서 바라보이는 창밖 풍경으로 에디슨은 평소에도 그런 말을 하곤 했었다 하니 저쪽은 그냥 창밖 풍경에 불과한 것인가.

이승을 접고 저승으로 떠나고자 하는 이의 담담한 마음이 느껴지는 짧은 한마디이다. 저쪽을 알 수만 있다면 얼마나 마음이 편할까 잠시 생각했다가도 그걸 알면 또 뭔 소용인가 싶기도 하다. 죽어 좋은 자리에 묻히고 싶은 심사는 이래서 공고해진다.

혈(명당)을 찾는 요령을 다시 간략히 서술하면,

뒷산인 주산의 산맥의 흐름이 살아있는 생룡인지 죽어있는 사룡인지를 먼저 본다. 물의 흐름인 거수를 보고 혈을 찾고 혈의 모체가 될 주산과 내룡의 크기로 맥의 기운을 가름한다. 그 뒤 5악, 즉 입수(=혈을 맺는 바로 뒤의 산인 부모산에서 혈성에 이르는 용의 흐름), 좌우 선익, 혈, 전순을 염두에 두고 혈을 찾아 나선다. 그 혈의 진위를 따지는 일은 상당히 전문성을 요구하기에 전문 지관에게 맡기는 게 좋다. 여기에 좌청룡 우백호를 읽어낼 줄만 알아도 반풍수는 가능하다.

그림의 묘들은 왕자(대군)의 묘를 중심으로 수백 년간 관리되어 온 가족묘(선산)라 할 수 있다. 다시 말하지만 같은 터에서의 가장 좋은 자리는 딱 한 군데이기에 그 다른 묘들은 풍수의 기본을 어기며 쓰이는 경우가 허다하다. 따라서 대를 이어 인물이 나오기가 힘들다. 우백호가 감아쥐고 있어 후손들이 재물이 많고 우백호 쪽으로 물길인 연못이 있어 특히 여자들의 입김이 강하다 할 수 있다. 좌청룡은 감아쥔 듯 싶으나 끝이 안으로 감질 못하고 바깥으로 약간 빠졌기에 명예와는 거리가 먼 집안이다.

가족묘나 국립묘지 등 공동묘지에서 공통으로 볼 수 있는 현상으로 이미 마련된 곳에 들어가는 꼴이라 혈을 찾는 순서가 무시되는 것이다. 가족간의 유기적 관계는 중시되었지만 한편으론 천지인, 즉 하늘과 땅과 사람과의 유기적인 관계에는 소홀한 점이 가족묘가 안고 있는 문제라 할 수 있다.

풍수화첩 33

# 풍수화첩 33

## 좋은 집터란?

지금까지 주로 음택에 대해 공부해왔다. 다시 정리하자면, 풍수에서 죽어서 들어가는 자리인 묘(무덤)를 음택이라 하고 산 사람이 생활의 근거지로, 삶의 출발지로 삼고 사는 곳을 양택이라고 했다. 개인의 집터를 보는 것을 양택풍수라 하고 이보다 더 큰 규모로 마을이나 도시 등 단체 주거지를 대상으로 터를 파악하고 잡으려는 것을 양기풍수라 했다. 양택도 아직까지 살펴본 음택과 마찬가지로 좌향이나 위치, 주변 자연의 형세에 따라 길흉화복이 차이가 날 수밖에 없다. 우선 개인집터인 양택을 고르기 전에 내가 살 곳인 마을, 동네를 봐야 할 것이다. 살기 좋은 동네란 어떤 곳일까? 당연히 인심 좋고 산수 맑은 곳, 그리고 교통이 편한 곳이겠지. 이중환의 〈택리지〉에서도 밝혔듯이 지리·생리·인심·산수가 잘 조화된 곳을 좋은 집터로 보았다. 당연한 얘기이다. 그러나 이게 그리 쉽지가 않다. 그 조화를 어떻게 파악하고 어떻게 결정할 것인가. 우선의 방법으로 나쁜 터를 먼저 걸러내는 일이다. 음택에서도 불가장이라는 말을 했다. 불가장이란 묘로 써서는 안 될 곳을 먼저 알고 그 다음 명당자릴 찾아 나서면 되듯이 양택도 마찬가지이다. 그러나 무엇보다도 중요한 것은 이상만 앞세워서는 절대 안 된다는 것이다. 일테면 냉장고를 사는데 내 형편, 살고 있는 아파트의 규모나 월급 수준 등을 고려치 않고 냉장고의 기능이나 취향만을 보고 고른다면 선택의 출발부터 잘못된 것이다. 이와 마찬가지이다. 오히려 집터는 냉장고 등과 같은 생활필수품과는 전혀 다른 의미의 중요성을 가지고 있다.

요즘은 이런 것에 관계없이 투기 목적이 앞서, 돈이 되는 집으로만 그 선택이 타의든 자의든 강요되고 있는 게 사실이다. 그러나 아파트로 옮겨 그 집값은 올랐는데 집안의 우환이 잦은 경우를 친척이나 주변에서 종종 들을 때가 있을 것이다. 풍수에서 기본으로 여기는 지리·생리·인심·자연을 무시했기 때문이다. 양택, 즉 집터에도 명당자리가 있다. 쉽게 이해할 수 있는 방법으로 손으로서 좋은 집터를 이해할 수가 있다. 앞서 얘기했듯이 손을 사과 하나 감아쥐듯 했을 때 엄지와 검지 사이가 바로 좋은 집터이다. 여기에 좌청룡 우백호가 놓이고 음택의 혈과 같은 터가 결정이 된다. 이 터가 바로 땅의 기운이 모이는 곳이기 때문이다. 재물이 더 필요한지 명예가 더 필요한지에 따라 집터가 결정될 것이다. 패철이나 다른 풍수 도구보다도 누구나가 몸에 지니고 있는 손이 풍수에 있어 더 좋은 도구가 될 수 있다(앞의 풍수화첩 1 참고). 모든 것은 자연스러워야 한다는 데에서 출발하는 나 나름의 풍수철학이 담겨 있다. 기계로 세상을, 자연을 파악하다 보면 사람이 기계적이 되고 만다. 어떻게 사람이 기계가 될 수 있다는 말인가. 역시 눈에 의존하라는 말도 같다. 또 가슴으로 갖는 느낌으로 파악하라는 말도 이와 같은 맥락에서 하는 말이다. 풍수는 자연을 통해 우리의 삶을, 운명을 파악하고 더 나은 삶으로의 발전(미래)을 꾀해보자는 학문이다. 이러한 자연과의 호응이 절대적으로 요구되는 풍수에 비자연적인 요소나 도구들이 이용되고 활용되어서는 안 된다. 단, 참고할 필요는 있다. 앞으로 양택에 대해 공부할 때도 이런 관점에서 시작하게 될 것이다. 눈과 가슴으로 느끼고 우리 몸으로 이해하자는 게 내 풍수과학의 지론이다.

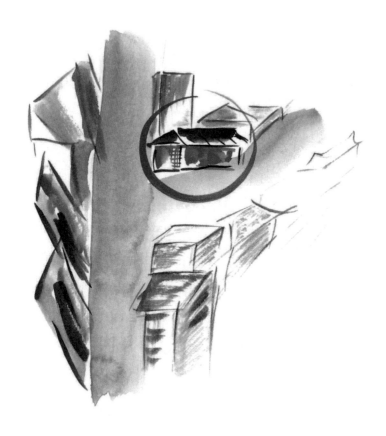

풍수화첩 34

# 풍수화첩 34

"잃은 양은 한 마리인데 어떻게 해서 이리도 많은 사람들이 나섰는가?"

(『소유』 문이재)

옛 중국, 양자의 이웃집에서 양 한 마리를 잃어버렸다 한다. 양의 주인은 물론 이웃이 다 동원돼 양을 찾아 나섰다. 양자가 물었다.

"잃은 양은 하나인데 왜 그리 많은 사람들이 나섰는가?"

대답하기를,

"갈림길이 많기 때문이지요."

그러나 양을 찾지 못하고 다들 돌아왔다.

"갈림길에 또 갈림길이 있어 끝내 양을 찾지 못했답니다."

양자는 아무 말 없이 눈을 감고만 있었다. 그 며칠 뒤 양자의 제자인 심도자가 물었다.

"한 스승으로부터 공부하고 돌아온 3형제엑 그 아버지가 인의仁義에 대해 물었습니다. 큰 아들이 답하기를, '몸을 소중히 하고 이름을 뒤로 미루는 것입니다.', 둘째는, '내 몸을 죽여 이름을 남기는 것입니다.' 마지막으로 셋째가, '몸과 명성을 다 온전히 얻는 것입니다.'라고 각기 제 의견을 피력했습니다. 누가 과연 옳습니까?"

양자가 짤막하게 대답해주기를,

"근본은 하나인데 해석은 여럿으로 갈린다. 무엇이든 근본으로 돌아가면 얻는 것도 잃는 것도 없느니라."

심도자는 알듯 말듯한 표정을 지으며 고개를 끄덕였다.

풍수는 철학이 아니다. 현실적 학문으로 상당히 구체적이어야 한다. 하지만 그 근본은 늘 하나이다.

삼각집이 나쁘다는 말은 풍수의 문외한도 종종 들어봤을 것이다. 도로가 Y자형으로 만나는 장소엔 삼각형의 터가 생긴다. 이와 같은 집은 눈에 잘 띄고 사람의 왕래를 유도하는 곳으로서 요지로 알고 있는데 사실은 이런 점이 더 큰 화를 불러일으킨다. 화재와 분쟁에 휘말리기 쉽고 가족 중 교통사고를 당할 위험이 있으니 흉한 터라 할 수 있다. 건축에 있어서도 삼각형 집은 터잡기에 비효율적이어서 불필요한 공간으로 없애는 경우가 많다. 양택풍수에서는 이러한 삼각집은 양 옆에서 모든 바람을 다 맞기 때문에 이런 화를 자초한다고 보고 있다. 부득이 선택할 수밖에 없다면 문이라도 모퉁이쪽(모서리쪽)을 피해 한 면으로 치우치는 게 외부의 바람을 막을 수 있는 길이다. 또 가능하다면 양 도로에 접한 모서리 부분을 원만하게 하기 위해 집을 더 뒤로 앉히고 도로로 나온 모서리 부분은 화단을 만들어 두는 것도 피해를 막는 방법이다. 정사각집보다는 못하나 삼각집을 사각집으로는 바꿀 수 있어서다. 진정한 풍수는 안 된다는 것에서 벗어나 이를 초월해야 하는 학문이다. 적어도 지금보다는 나아지게 해야 하는 것이 풍수의 궁극적인 목적이다. 풍수는 긍정적인 과학이요 실용적인 학문이다.

풍수화첩 35

# 풍수화첩 35

어머니의 몸과 마음 상태가 태반 속 자녀의 건강과 직결되듯이,
건물의 기운은 그 집에 사는 사람의 인격과 성격을 만든다.
기운이 좋은 집에서는 아름다운 인격을 가진 사람이,
기운이 불운한 집에서는 불안한 인격의 소유자가 배출되는 것은
집이 사람의 태반과 같기 때문이다. (『산을 알면 운명이 보인다』 조광)


성공에 영향을 준다고 보는 다섯 가지 요소들에 대해 중국인들은 꽤나 긍정적으로 받아들이고 있는가 보다. 〈생활운에 기여하는 5가지 요인〉으로 이것을 소개하면,

1. 운명: 삶을 좌지우지하는 데 있어 운명이 70%를 치자한다고 본다. 누구나 자기 운명을 타고난다는 것이다.

2. 행운: 남들보다 운이 좋다거나 나쁘다거나 말을 하곤 한다. 자기 의지대로 되지 않는 알 수 없는 막연한 이치를 운(행운)에 맡기는 경우가 늘고 있다.

3. 풍수: 자기가 살고 있는 땅의 기운에 따라 삶도 달라질 수 있다고 보고 있다. 이에, 이어서 진일보해 풍수를 이용해 삶의 전환을 꾀하고자 한다.

4. 자비로운 행동: 좋은 일을 하면 복을 받겠지 하는 심리는 누구나 가지고 있다. 봉사활동이나 자선이 이에 해당되는데 우선 심리적으로 큰 위안이 된다.

5. 자기개선: 자기발전을 위한 노력으로 자기를 개선코자 하는 데 힘쓴

다. 긍정적인 사고로부터 비롯되며 '다 잘 될 거야'로 시작하는 습관의 구체적 실천이 필요하다.

이처럼 풍수는 중국인뿐만 아니라 최근엔 서양인들 사이에서도 운명을 좌우하는 주요한 요인이 되고 있다. 운명 또한 풍수에 의해 적극적이고도 능동적으로 바꿔볼 수는 있다. Y자형의 삼각집의 경우를 하나 더 들자면, 이런 류의 집터가 비좁긴 하지만 대지의 에너지 균형을 위해서 흉의 영향을 가장 많이 받게 되는 도로에 난 모소리쪽에 밝은 등을 설치한다거나 키는 작되 굵은 나무를 심는 것도 좋다. 도로에 바짝 나와 짓게 되는 게 문제가 되기 때문이다. 또 가능하다면 모서리쪽 앞보다는 뒤쪽을 높여 완만하게 경사를 줘 집을 호막을 제공하기 때문이다. 모난 돌이 정 맞는다는 말이 있다. 삼각집은 짓는다. 이러한 경사가 쳐들어오는 바람을 막기 때문에 오히려 좋은 일을 만들고 보 모난 돌과 같다. 하지만 모난 부분을 줄이면 경제적으로 이익이 되는 터가 삼각집이다. 흉으로 보는 삼각집도 어떻게 대처하느냐에 따라 반대로 더 좋은 결과를 창출해낼 수가 있다. 그냥 놔두고 사는 것은 타고난, 주어진 그 운명을 그대로 받겠다는 것의 다름 아니다. 그렇다면 삼각집의 불운은 바로 당신의 것이 된다. 그러나 이것을 인지하고 돌파하려고 애쓴다면 불운도 행운이 될 수가 있다. '일체유심조', 모든 게 다 자기하기 나름이라지 않았던가. 풍수 역시 마찬가지다. 특히 집터인 양택에서는.

풍수화첩 36

# 풍수화첩 36

현재 상황을 극대화시킨다는 것은 개선시키는 것과 같은 의미이다.
방해되는 모든 요소들을 끄집어내어 바꾸고 이용할 수 있는
모든 방법을 이용한다. (『천재 A반을 위한 생활 속의 풍수』)

터가 나쁘다고 하면 이사를 먼저 생각한다. 더 좋은 터를 찾아 이사하는 것이 가장 좋은 방법이긴 하나 그렇다고 이사가 만사는 아니다. 이사로 인한 정신적인 경제적인 손실도 무시할 수 없다. 이사를 않고도 현재의 상황을 극복할 수 있는 방법은 없을까? 풍수가 이것을 해결해 주는데 큰 몫을 해주리라고 확신한다. 그러나 전제가 있다. 정확한 풍수의 이해와 정확한 적용이다. 그 바탕엔 풍수에 대한 믿음이 깔려 있어야 한다. 풍수는 단순한 느낌으로 이루어진 게 아니라 오랫동안 여러 사람을 통해 긴 세월을 이어온 무수한 경험의 결과이다.

T자형의 집터 또한 Y자형의 집터와 마찬가지로 외부의 바람을 다 껴안는 곳이라 흉한 터로 여기고 있다. 경제적인 안목으로만 보면 목이 좋은 곳으로서 땅값도 비싸지만 실속은 없는 경우가 많다. 논리적으로 이해할 수 없다고들 하는데 바로 바람을 탄다는 풍수적인 이유가 있어서다. 우선 집을 살펴보자. 집이 도로보다 낮게 앉아 있는가, 이렇다면 집을 도로보다 높게 하는 게 급선무다. 도로보다 집이 더 낮으면 바람을 더 받아들이기 때문이다. 또 도로면에 다양한 모양의 깃발이나 바람개비를 달아두는 것도 좋은 방법이다. 덧붙여 지붕을 도로 쪽은 낮게 도로 뒤편은 높게 하여

바람이 머물게 하지 않고 지나가도록 만든다. 가능하다면 양 옆도 직각이 아닌 경사진 사각의 모서리로 만들어 바람의 흐름을 틀어줄 수 있다. 또한 보이지 않는 바람을 보이게 하는 방법으로 소리를 이용하는 것이다. 풍경 등과 같이 바람으로 내는 소리기구들을 도로 쪽에 달아둔다. 소리로 바람의 크기를 미리 짐작하고 다음에 벌어질 화에 대비하자는 것이다. 소리가 아름다우면 화나 흉이 될 바람도 재울 수가 있다. 심리적인 문제이지만 양택풍수에서 심리적인 면은 매우 중요하게 취급된다. 바람으로만 존재하면 바람은 그 세기에 따라 재난이 될 수 있지만 바람을 소리로 바꾸면 바람은 음악이 된다. 집안으로 바람이 쳐들어오는 것을 음악으로 대체한다면? 오히려 흉은 길이 될 수 있고 화는 복이 될 수 있다.

풍수화첩 37

# 풍수화첩 37

## 집은 내 몸과 같다.

생활환경 중에 집은 그 터의 규모와 모양에 의해서, 그리고 그들을 위해서 크게 작용한다. 사람마다 몸집이 다르고 체질이 다르고 성격이 다르듯이 이에 맞게 그 몸을 어떻게 치장하는가는 아주 중요하다. 단순히 유행을 좇는 취향이 아닌 자기 몸에 알맞게 갖춘 치장이어야 할 것이다. 집도 몸과 마찬가지이다. 터의 규모는 대지로 가름하게 되는데 대지와 모양은 다른 공간과의 경계를 이루며 독자적인 방위, 배치를 만든다. 방위나 배치는 집밖으로부터 그리고 집안의 기, 즉 에너지의 흐름에 영향을 주기 때문이다. 이런 이유로 집을 구성하는 요소들은 독자적인 기능을 가지면서도 서로 보완하며 이루어져야 한다. 어떠한 이유로 집 전체의 흐름을 무너뜨려서는 안 된다. 대지와 모양으로 나타나는 방위와 배치가 최종적으로 가족구성원의 삶에 영향을 주기 때문이다. 이를테면, 삶이 순탄한가, 괴로운가, 행복한가 불행한가, 건강한가 아닌가, 행운을 얻고 사는가 아님 불운하기만 한가 등등.

풍수에선 방위를 중시하지만 그보다도 우선 주목해야 하는 것이 바로 배산임수이다. 배산임수는 간단히 말해 산을 등지고 앞에 물을 두고 짓는다는 말로, 자연스러움을 강조한 말이다. 이를 다시 뒤집어 말하면 자연스러움을 거역하면 그 화가 가족에게 미치게 된다는 것이다. 산을 등지고 물(강이나 시내)을 앞에 둔 집은 우선 바람에 의한 환기가 자연스럽다. 순환이 잘 된다. 몸에 피든 호흡이든 순환이 제대로 이뤄지지 않는다면 병이 걸리기 마련이다. 이와 같다. 아프다거나 찌뿌둥하다거나 어지럽거나 등등으로 자극을 통해 몸의 상태를 우리가 알아차린다. 하지만 집은 그렇지 않다. 이러하다 해서 집이 늘 같은 것은 아니다. 단지 우리가 그걸 느끼지만 못할 뿐이다. 몸의 상태를 감각으로 알듯이 집의 상태는 어긋나지 않음을 동반하는 조화로움, 자연스러움으로 예견할 수가 있다.

그림의 집은 원래 배산임수로 제 형식을 빌려 지었었다. 하지만 제법 장사가 잘 되면서 식당을 더 키우게 되었고 이런 과정에서 오로지 돈벌이에 적합한 집 구조로 바꾸게 되었다. 여기서 문제가 생겨났다. 재물에 더 탐을 내다가 그전 지켜왔던 풍수의 원칙을 깨고 만 것이다. 편리성이나 편의성을 먼저 따졌고 드나드는 손님을 하나라도 더 받기 위해 주차장 중심으로 집을 잡았다. 집은 안방 중심으로 잡아야 함에도 불구하고 목적이 돈벌이에 있다보니 그전의 배치를 바꾸게 되었는데, 이러자니 배산임수를 어기게 되었다. 그리고 손님이 원할 전망만을 고려해 큰 창을 산 아래를 향하게 했다. 이러자니 드나드는 문이 그 반대쪽, 그러니까 산 쪽으로 낼 수밖에 없었을 것이다. 돈을 많이 들여 식당을 고쳤지만 그 뒤 이 식당은 그전보다 못한 수입으로 애를 먹고 있다고 한다. 집, 특히 식당은 장사가 잘 된다고 하여 함부로 뜯어고쳐서는 안 된다는 말은 익히 들어오지 않았던가. '깨끗하게 고치긴 했는데 맛이 그만 못한 것 같아.' 하고 발길을 돌리는 일을 종종 경험했을 것이다. 바로 풍수의 중요성이 우리 실생활에 자연스럽게 배인 말이다.

풍수화첩 38

# 풍수화첩 38

이상적인 입구는 들어갈 때에 기분을 좋게 하고 즐거움을 느끼게 하며
좋은 냄새와 소리가 나고 편안한 생각이 들게 만드는 것이다.

『천재 A반을 위한 생활 속의 풍수』

    동서남북, 방위를 떠나서 더 중요시해야 할 점은 바람의 방향을 짐작하는 것이다. 바람이 집에 주는 영향이 크기 때문이다. 더욱이 집은 사람이 실제로 살고 있는 장소라 바람, 즉 사람 몸의 호흡과도 같은 바람의 드나듦으로 그 집의 기가 결정적으로 작용한다. 그 힘, 즉 영향이 곧바로 미칠 수 있다는 말이다.

    현관은 집의 입구로서 몸의 입과 같은 곳이다. 이래서 매우 중요하다. 사람에게 첫 인상이 중요하듯이 집도 첫 인상을 대체적으로 대문, 현관에서 받는다. 현관이 밝게 비치고 드나들기에 불편함이 없도록 넓고 지저분한 것이 있어 거추장스러워서는 안 되며 문의 색은 단정해야 한다는 등은 상식이다.

    구체적으로, 현관문의 색에 따라 운이 결정이 된다. 밝은 빨간색은 집과 가족을 보호하고 고귀하게 만든다. 집안으로 행운을 가져다주는 색으로서 빨간색은 집의 에너지를 높여준다. 또 초록색 대문은 건강과 재물을 얻게 해주는 색이다. 그러나 무엇보다도 집 전체와 어울리는, 어우러지는 색을 선택하는 것이 좋다. 흰색은 무난하다.

    그림의 집은 삼각집인데다가 대문이 동네 쪽으로 나 있다. 집 앞 두 갈

래 도로는 언덕으로 집이 동네의 다른 집보다 낮게 앉아 있다. 이는 양 쪽 도로에서 들어오는 바람을 이 집이 다 받아 뒤집어쓰는 결과를 초래한다. 그 바깥의 거센 바람이 대문을 통해 다 들어온다. 이 집은 삼각집보다도 현관의 위치를 잘못 잡아 그 화를 면치 못했다. 살인사건이 낫던 곳으로, 만약 현관을 큰 도로 쪽으로 냈다면 그 화를 면했을 것이다. 이 집터는 삼 각집임에도 불구하고 큰 도로 건너편, 일테면 앞산인 안산에 예쁜 부봉사 가 놓여 있어 오히려 돈을 벌 수 있게 하는 자리이다. 살인 사건 이후 폐허 가 돼 있지만 현재의 현관을 없애고 그 자리에 단단히 벽을 쌓고 난 뒤 현 관을 큰 도로로 내 식당을 하면 상황을 전혀 반대로 끌어줄 수가 있겠다. 풍수를 진작 알았더라면? 너무나 아쉬운 집이다. 서울 강남의 무너진 대 형 백화점과 같은 터이다(풍수화첩 39 참고).

풍수화첩 39

# 풍수화첩 39

### 나무 위로 올라가 생선을 잡으려 한다. (맹자)

세상을 떠들썩하게 하며 수백 명의 아까운 인명을 빼앗아간 한 백화점. 언뜻 그 자리를 보면 언덕 위에 지어 있으니 눈에도 잘 띄고 교통의 요지로 환승이 가능한 지하철은 물론 주변엔 고속터미널이나 법원 등 사람들이 모이는 요충지임에 틀림이 없다. 그러나 그 백화점은 졸지에 무너지고 말았다. 잘못 쓴 터 또는 배치(현관)는 그 화가 한 순간의 사고로 나타나는데, 이것을 인재라고 하지만 결코 그렇지 않다. 인재라 함은 기존의 건물을 백화점에 맞춰 기둥을 없애다 보니 건물 하중을 견디지 못해 무너질 수밖에 없었다는 것이고 이 점도 간과할 수 없는 큰 실수지만 이미 예상된 재앙이었다. 더 높은 위치에 있는 앞의 법원(재판에 연루된 많은 사건들이 한데 모여져 있는, 극히 나쁜 기들이 몰려 있는 곳)으로부터 거센 바람을 이 백화점이 다 맞고 있었고 법원뿐만 아니라 주변의 바람이 다 모여드는 곳에 이 백화점이 터를 잡고 있었다. 그러나 인재는 막을 수가 있었다. 하지만 백화점 주인의 과욕이 이 인재를 사전에 막을 수 없게 했으니, 기둥을 없앴다든가 도로 쪽으로 현관을 냈던 것이 바로 이것이다. 손님을 한 명이라도 더 끌어들이려면 큰 도로로 문을 냈어야 했을 것이니 경제성만을 중시하는 건축주나 건축가나 별 이상 없이 받아들였을 것이다. 여기에 문제가 있었다. 대형 백화점에서 대형 사고는 이미 터지고 말았다.

사후약방문, 그 뒤 이 자리에 지어진 건물은 그 전 백화점과 어떻게 달라졌을까?

사후청심환, 이 비싼 터를 공원으론 넘겨줄 수 없었던 자본가는 이 자리에 새 건물을 지으면서 어떤 대책을 세웠을까?

주상복합건물로 바뀐 이 터의 기운을 어쩔 수 없었을 것이다. 아마도 건축주나 설계한 건축가나 이제야 비로소 풍수의 의미를 알게 되었는지, 큰 도로로 난 그 전의 현관을 꺾어 도로 안 쪽 옆으로 냈고 큰 도로로 향한 도로변 상점들의 창들을 다 막아놓았다. 처음 보는 사람들은 이상하다 여길 것이다. 왜 도로 쪽으로 창을 내지 않았지? 그나마 다행이라고 할 순 있지만 충분치는 않다. 눈 가리고 아웅이 될 수가 있다는 말이다. 여태 경제적 이익을 버리지 못했다. 터의 기운은 창문을 막는 정도로 쉽게 잡히는 것이 아니다. 풍수에서 창문을 막는 일도 화를 불러오게 한다는 것을 왜 모르고 있을까. 그럼 해결법은 없다? 마주 보고 있고 나쁜 기운이 몰려오는 법원의 높이에 맞춰 지상 5층 정도까지는 철옹성을 쌓았어야 한다. 단단한 벽 뒤로 수영장이나 대형할인마트 등으로 활용해도 경제적으로 그리 손실을 보는 것은 아닐 터, 그러나 욕심이 어디 한계가 있는가. 무한한 인간의 욕심에 자연은 묵묵히 바라보다가 한순간에 인간의 자만을 자각하게 해주고 만다.

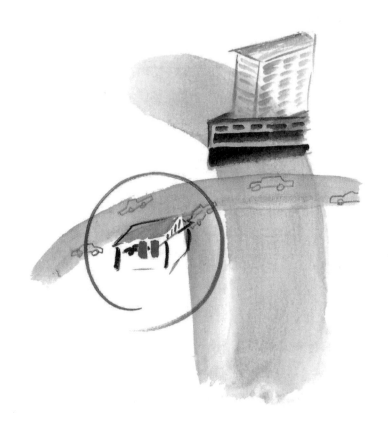

풍수화첩 40

# 풍수화첩 40

"그거야 간단하지. 공주의 마음을 사려거든 마음을 주어야지,
돈으로는 어림없는 일이네." (『마음을 사는 방법』)

가까운 터라도 방향이나 배치에 따라 그 운을 달리 할 수 있다.

도로는 삶의 외부 에너지(기)가 집에 미치는 여러 영향 중에 가장 큰 요소라 할 수 있다. 도시에서 강이 그렇듯이 도로는 에너지 흐름의 중요한 통로이자 저장소이기도 하다. 교통의 흐름은 물론이고 이웃과 함께 집에 기를 가져오거나 빼앗길 수가 있다. 풍수에선 집으로 들어오는 도로는 아주 중시한다. 자연의 기운이 도로를 통해 들어오고 나가기 때문이다. 이래서 가까운 거리의 집이라도 그 주인의 삶들은 전혀 다를 수 있다.

백화점 붕괴라는 초유의 대형 사고가 날 당시, 그 앞의 주유소 사장의 역할이 언론을 통해 보도되었다. 사고가 나자 직원들이 몰려가 심한 상처를 입고 백화점 밖으로 밀려나오는 사고 피해자들을 자기 몸 아끼지 않고 돌봐주고 병원으로 수송했다. 이런가하면, 그때 지나는 상당수 행인들은 무너지면서 쏟아지는 백화점의 고가품들, 일테면 보석류에 혈안이 되어 건물 잔재와 함께 땅에 떨어진 그것들을 줍느라 정신이 없었다. 그러나 주유소 사장은 달랐다. 직원과 함께 사고수습에 몸을 던졌다. 그 전 백화점 터의 맞은 편 주유소는 그 주변의 주유소와 달리 경제성으로 가름하는, 가게로서의 좋은 목은 되지 못한다. 평지와 다름없는 길 입구에 더 큰 주유소가 있고 언덕 중간에 자리하고 있어 드나들기 불편해 주유소로서는 적

합하지 않은 곳이다. 그러나 장사가 아주 잘 된다. 왜 그럴까?

음택, 즉 땅은 반드시 제 주인이 차지한다고 했다. 양택도 마찬가지다. 성품이나 인품으로 자기 땅을 가지고 살게 돼 있다. 그의 사심 없는 봉사가 제 집터를 갖게 한 것이라 할 수 있다. 그리고 백화점 터와는 달리 법원 쪽에서 부는 나쁜 기운(바람)을 등지고 있어 그 기운이 전혀 영향을 받지 않는다. 그리고 주유소 우측의 도로는 우백호의 역할을 해 돈을 벌게 해준다. 또 주유소와 같이 건물의 앞을 터놔야 하는 곳이 적격인 자리인데 이 점도 맞아들었다.

집(건물)의 뒤쪽은 가족의 돈이 모이는 곳을 상징한다. 대지의 앞쪽에 위치한 집은 재산을 줄여가는 데다가 가족의 운명도 부정적인 영향을 미친다. 그러나 집이 뒤쪽으로 대지의 3분의 1에 물러나 위치하면 도로와 떨어져 도로와 가까워서 생기는 문제를 해결해준다. 업종으로 주유소는 적절했다. 바로 이런 것이다. 땅의 주인을 찾아내는 것은 어떤 인위적인 힘으로 되는 게 아니다. 다만 그 사람의 삶의 태도에 따라 그 땅도 적절하게 이동하게 해주는 것이다.

풍수화첩 41

# 풍수화첩 41

산을 등지고 물을 바라보는 쪽으로 집을 지어야 하는 것은
풍수의 기본상식이다.


집은 방위와 배치, 모양새 및 구조, 그리고 집 외부의 정원 등으로 판단
하는데, 아무리 좋은 터라 하여도 이에 어울리지 않는다면 그 가치는 떨어
진다.

일단 좋은 집터란, 동쪽이 높고 서쪽이 낮은 곳을 제일로 치며, 뒤가 높
고 앞이 낮아야 하며 앉은 자리는 평평해야 한다. 집 앞에 흐르는 물은 집
의 동쪽에서 흘러나와 더 큰 물줄기로 들어가야 좋다. 남쪽에 큰 길이 있
으면 부귀영화가 이 길로 들어오고 흙은 윤기가 있어야 좋다.

그림의 집(식당)은 서쪽으로 큰 도로가 나 있다. 이런 터는 두 가지 면에
서 이점이 있는데, 그 하나는, 집안의 사생활을 보호 받을 수 있어서다.
일반적으로 해질 무렵의 강한 햇살을 피해 서향 창이나 문을 작게 만들며
이것은 외부로부터 집안을 들여다보는 것을 방지할 수 있다. 더불어 소음
및 배기가스 등을 피할 수 있다는 점에서 매우 중요하다. 두 번째 이점은,
토지를 유용하게 활용할 수 있다는 것이다. 보통 집(건물)은 북·서에 짓는
것이 일반적이다. 이러면 동과 남에 정원을 넓게 만들 수 있어 이웃집과
의 거리를 확보할 수 있고 방 설계에서 조금은 더 자유롭다. 이런 집을 지
을 때는 현관은 도로에 면하는 서쪽이나 북쪽으로 내고, 북쪽과 서쪽에 모
두 작은 창을 만든다. 동쪽과 남쪽으로는 큰 창을 만들어 해가 최대한 많

이 들어오게 한다.

　그림은 마을이 형성되는 과정을 보는 듯이 집터가 정해졌다. 뒤로 재물이나 곡식을 쌓아 놓은 모습과 흡사하다 하여 이름이 붙여진 부봉사가 자리하고 있고, 앞으로는 작지만 시내가 흐르고 있다. 배산임수에 맞춰 잘 앉혀진 집이다. 앞산(안산)은 물론 사방으로 에워싼 산들이 역시 솥뚜껑을 엎어 놓은 형상의 부봉사(양상사)이다. 모두 재물이 들게 하는 터를 상징하고 있다. 이 집(식당) 주변엔 여러 채의 식당들이 있지만 유난히 이 식당만을 사람들이 찾는다. 에워싼 부봉사가 이 집의 방향과 딱 맞았기 때문이다. 조금만 틀어져도 그 영향에서 빗겨간다. 역시 양택도 명당은 꼭 한 자리뿐이다.

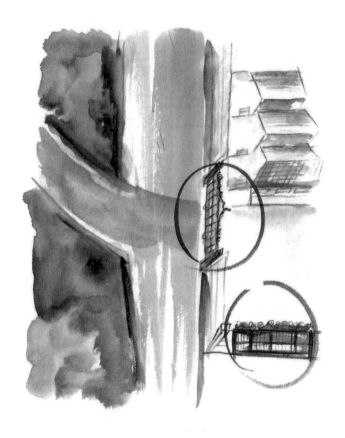

풍수화첩 42

# 풍수화첩 42

현관은 '기의 입구'이며 삶의 기둥에서 가장 우선 하는 요소이다.

중국의 고대 철학에 의하면 삶에서 가장 중요한 것은 자신의 기를 생성하는 것이라 했다. 기는 받는 것이지만 받아들이려는 자세가 없으면 아무 소용이 없다. 그 좋은 기운은 그냥 스쳐지나갈 뿐이다. 기를 받을 준비가 된 자만이 그 기를 받을 수가 있다는 말이다. 묘가 그렇듯이 집도 마찬가지이다. 집에 있어서 이상적인 기란, 집안이나 그 바깥 주변에 긍정적인 기를 충만케 하는 것이 우선이다. 이 긍정적인 기, 에너지는 또 순환이 잘 되어야 하는데, 순환이 잘 되는 집은, 기를 강하게 느낄 수가 있고 마음을 북돋워주기도 하며 부드럽게 해줌으로서 편안하다. 이와 반대로 부정적인 영향을 주는 기란, 불균형하고 지나치게 넘치는 힘이 집안으로 쳐들어오고, 순환을 막는 정체감이 느껴지고 무언가 힘이 새나가며 날카로워서 편안하기보다는 불안하다. 이러한 긍정적인 요소와 부정적인 요소를 감안하여 집을 정리한다면 이것이 바로 기(에너지)를 얻고자 하는 준비에 충실한 태도라 할 수 있다.

그림의 집은 식당을 연수원으로 개조해 사용하고 있는데, 처음 이 건물의 현관은 큰 도로에 나 있었다. 현관은 사람들이 드나드는 곳으로 중요한 에너지 흐름의 관문이자 통로이다. 그러나 현관 정면으로 가파른 언덕길이 있고 그 언덕길을 따라 세찬 바람이 이 현관으로 쏟아져 들어오곤 했다 (붕괴되었던 서울의 한 백화점이 이 경우와 유사하다). 건축설계상 당연히 현관을 도로 쪽으로 냈지만 풍수를 고려하지 않았던 것이다. 어떻게 되었을까. 장사가 잘 안 됐다. 그 뒤 연수원으로 바뀌면서 현관을 큰 도로 쪽이 아닌 옆으로 돌렸다. 이는 음택의 비보와 같은 것으로 풍수교정이라고 한다. 교정을 통해 나쁜 기의 흐름을 바꿀 수 있다. 양택 풍수에 있어 성공으로 가는 길은 현관과 같은 입구에 생동감, 생기를 주는 것이다. 웃는 얼굴에 복도 온다지 않는가. 현관의 위치를 바꾼 뒤 이 연수원은 번성하고 있다.

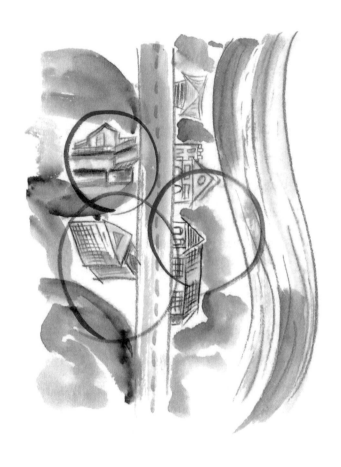

풍수화첩 43

# 풍수화첩 43

자연은 순응하는 자에게 베풀도록 되어 있다. (『土와 命 조광』)

소위 음양오행론으로 좌향坐向을 따지다보면 기의 흐름과는 사뭇 다른 방향으로 터를 잡기 쉬워 큰 문제가 발생하곤 한다. 양택의 범위는 집의 열려 있는 방향 즉 전면을 말하고 아파트의 경우 들어가는 문 방향으로 본다. 이 때 문이 두 개인 경우 큰 문으로 향을 보고 문이 두개면 좋지 않다. 아파트의 베란다가 남향이라고 해서 남향집이란 건 잘못이다. 햇볕을 많이 받는 곳을 기준으로 하여 건축업자가 남향으로 잡는데 베란다를 기준으로 정한 것뿐이다. 집은 앉아 있는 방향에 따라야 하는 것이다. 특히 아파트에서는 들어가는 입구 문을 좌향으로 보며, 각 호실로 들어가는 문의 좌향을 보면 된다. 강변의 집이나 아파트는 배산임수를 어기기 쉽다. 왜냐하면, 강 쪽은 낮고 도로도 내기 힘들기 때문에 결국 입구는 강을 등지고 내게 된다. 배산이 아니라 배강이 된다. 강을 등지니 대개 산을 앞에 두게 된다. 배산임수와는 정 반대로 집을 짓는 결과를 낳는다. 골짜기나 강변에 집을 지은 집 치고 인재가 나오는 경우를 본 적이 없다. 강변의 카페는 보기에는 좋고 손님에겐 강이 바라다 보이니 잠깐 차 한잔 하기엔 더없이 좋은 곳이지만 막상 그 주인은 그렇지 못하다. 강변의 카페 치고 장사 잘 된다는 곳을 아직 듣지 못했다. 자연의 순응을 거부했기 대문이다.

그림의 강변 카페 중에 강을 바짝 끼고 있는 집들은 배산임수를 어겼고 도로건너의 집들은 배산임수에 어긋나지 않았지만 거개가 집 뒤가 산자락

끝(맥의 끝), 가파른 절벽 아래에 놓여 역시 좋은 터가 되지 못한다. 돈이 잘 벌릴 리가 없다.

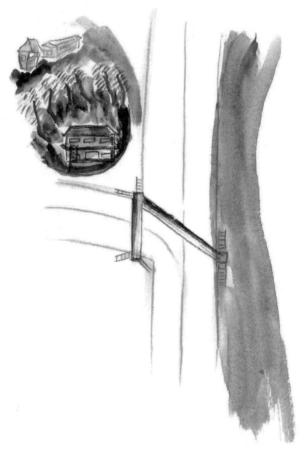

풍수화첩 44

# 풍수화첩 44

"인간의 불행은 결핍에서 오는 게 아니다 너무나 풍족하기에,
너무나 넘쳐나기에 불행한 것이다." (버틀란트 러셀)

이 식당 앞을 지나다보면 매번 참 이상도하다는 생각을 절로 하게 된다. 삼거리라 목도 좋고 육교가 있어 사람의 왕래도 수월한 편이다. 더욱이 건너편에 학교가 있어 오다가다 보는 곳이라 눈에도 익다. 그런데 식당 주인이 자주 바뀌고 주인이 바뀌면서 파는 음식도 따라 자주 바뀐다. 풍수로 따져보면 앞쪽 개천의 물줄기가 집으로 들어오는 게 아니라 빠져나간다. 물은 재물을 상징하는데 재물이 모아지지 않는 터임을 알 수 있다. 그러나 양 옆의 도로는 좌청룡 우백호를 대신하는 바, 도로의 형세로 보면 특히 돈과 관련된 우백호가 결코 작지만은 않다. 돈이 모아질 수 있는 곳이라는 말이다. 그런데 왜 장사가 안 되고 주인이 자주 바뀌는 걸까?

바로 여기에 있다. 『양택일람』이란 책에, 벼랑 밑이나 계곡의 입구에 있는 집은 만병의 근원이 된다고 쓰여 있다. 집을 고르는 가상법에도, 산등성이의 튀어나온 끝 부분이나 산기슭에 인접한 벼랑 밑의 평지, 계곡의 입구 주변 등은 산사태나 홍수의 위험이 노출되는 곳으로 피해야 한다. 주위가 산비탈로 둘러싸인 지형을 선상지라고 한다. 이곳은 시간이 흐르면 물의 흐름으로 인해 토사가 퇴적된다. 당장은 풍경이 아름답고 교통이 편리해 이러한 선상지에 집을 지으려는 사람들이 늘지만 절대로 해서는 안 된다. 깎아지른 듯한 산기슭에서는 산사태가 자주 일어나며 많은 인명을 앗

아간다. 이런 이유로 이웃 일본의 고베 시에서는 마나토 천과 이쿠타 천에 의해 만들어진 선상지에 집을 짓지 못하게 하는 건축법을 따로 제정해 이를 규제하고 있다. 미래를 내다본 처사라 할 수 있다. 그러나 우린 어떤가. 일반 풍수 문외한이 보아도 집이 들어서서는 안 될 곳에 버젓이 집들이 들어서고 있다. 우리나라도 그린벨트니 하는 것으로 건축규제를 강화한다고 하는데도 말이다. 당장 눈앞의 이익만을 보고 저지른 일들은 꼭 화로 돌아오게 돼 있다. 화근을 만들어서는 안 된다.

풍수화첩 45

# 풍수화첩 45

나무를 심어 놓고 사랑이 너무 심하고, 너무 심하게 근심하고,
아침에 보고 저녁에 다시 와서 만져보고, 한번 갔다가 다시 와서 돌아보고,
또 심한 자는 혹시 물이 올랐는지 아닌지 손톱으로 긁어보고,
나무를 흔들어보면서 빽빽이 심겨졌는지 확인을 한다.
이런 것은 바로 나무를 자라지 못하게 하는 것이다. (『소유』 문이재)


인간의 자만과 오만이 자연을 훼손시키고 있고 그 폐해는 결국 인간에게 돌아온다. 공해 관련하여 $CO_2$ 규제관련법안(도쿄 프로토콜)이 채택되기도 했지만 미국을 포함한 몇몇 선진국들이 자국의 경제적 이익을 앞세워 이에 동의하지 않고 있는 실정이다. 우리나라 기업들이 이에 대해 대비하고 있다고는 하지만 벌금을 의식한 소극적인 태도로 일관하고 있다. 한 사람이 1년 동안 배출하는 이산화탄소의 양을 보완하기 위해서는 나무 840 그루를 심어야 한단다. 개인이 매년 심어야 하는 나무가 840 그루라는 말이다. 우린 나무 한 그루라도 심고 있는가? 이것을 당장 실행하지 않으면 우리의 다음 세대면 지구는 인간이 뱉어낸 공해로 인해 인간이 살 수 없는 지경의 지옥에서 살게 될 것이라고 경고한다.

그전보다 살기 좋아졌다. 도시의 흉물이었던 청계천고가도로가 없어지고 전과 같은 물이 흘러가고 있으니 좋아지고 있는 것 같기는 하다. 도심의 매연치도 그전보다 많이 개선되었다고도 한다. 사실 거리도 무지 깨끗해졌다. 그러나 여전히 초록으로 가득해야 할 산은 깎여 속살을 다 드러내 놓고 그 위로 회색 시멘트가 덮여지고 있고, 황금의 풍요로 물들어 있어야

할 가을 들판이 불도저에 밀려나더니 그 위로 흉악한 아파트가 들어서고 있다.

경제적으로 나아졌다는데 왜 끔찍한 사건들은 더 늘어나고 돈 때문에 살인하는 일들이 왜 더 많이 벌어지고 있는 것인가. 자동차는 발달하여 안전장치를 장착해 놓고도 교통사고는 늘면 늘었지 전혀 줄지를 않고 있다. 왜 점점 흉포해지고 왜 점점 불안해지는 것인가. 모두 자연을 인간의 손맛에 맞게 훼손시키고 있기 때문이다. 자연의 흐름이 이러한 개발이니 건설이니 하는 것으로 그 흐름을 억지로 막고 있기 때문이다. 일제강점기에 쇠말뚝 하나로도 우리의 정기를 끊을 수 있다고 하며 전국 곳곳에 우리의 맥을 쇠못 하나로 단절시키려 했던 일본보다도 지금은 우리 스스로 우리 국토를 쇠못과는 비교도 안 되는 시멘트 말뚝(고속도로의 교각 등)을 박고 터널이라는 엄청 큰 구멍 내기로 땅의 흐름을 가로 막거나 흐름을 방해하고 있다. 기를 빼앗아가니 자연은 시름할 수밖에 없었을 것이요 이 시름은 결국 인간에게로 되돌아와 세상을 더 흉흉하게 만들어가고 있는 것이다.

집터를 보면, 돈 꽤나 있다는 자들이 자기 하나, 자기 가족 하나 전망 좋은 곳에 살겠다고 버젓이 예쁜 산의 허리를 싹뚝 잘라서는 그 위에다가 각종 꾸밈새로 단장한 집들을 얹어 놓는다. 이를 두고 전원주택이니 주말주택이니 그럴 듯하게 이름 붙이지만 이는 자연훼손의 범인 외에 다름 아니다. 자연의 범죄자의 집이라는 얘기이다. 산을 잘라 그 자리에 지은 이런 집들은 그 가족 중에 졸지에 큰 사고를 당하게 돼 있다. 매년 정기검사를 받아왔음에도 불구하고 예상치도 못한 큰 병을 덜커덕 얻게 되는 경우를 겪게 돼 있다.

　풍수는 이를 경계한다. 풍수가 무엇인가. 하늘과 땅과 인간. 즉 천지인이 서로 조화하는 것을 파악하고 이를 실천하는 것이 아닌가. 그러나 이것이 깨진다면 어찌 될까? 그 업은 모두 인간에게 되돌아오게 돼 있다. 먼저 훼손한 당사자나 그 가족에게 화가 미친다. 전망이나 남과의 차별로 기획된 이런 집들의 대부분은 바람의 영향을 크게 받게 되는데 그 바람을 견디지 못하고 끝내 그 터를 벗어날 수밖에 없다. 벗어날 때쯤이면 이미 다 지친 상태일 것이 분명하다. 가족의 누군가가 큰 병치레를 하고 있거나 대형사고에 시달린다는 얘기이다. 이건 엄포가 인다. 자연의 섭리를 거슬리는 행위는 언젠가 그 보복을 받게 돼 있는 게 풍수의 원칙이기 때문이다. 자기를 위하고 가족을 위한다는 일이 오히려 흉과 화를 불러일으킨다.

　이렇다 하여 자연을 있는 그대로 놔두라는 얘기는 아니다. 이것은 황폐화로 이어질 수 있어 또 다른 자연훼손이 될 수 있다. 단, 자연의 힘, 기의 흐름을 최대한 고려한 자연스러운 개발은 필요하다. 이러려면 우선 자연을 가능한 인간의 손에 맡기지 않는 게 좋다. 무엇인고 하니 형세든 경관이든 자연을 살린 상태에 인간의 지혜가 보태져야 한다는 말이다. 풍수는 비슷한 원리와 비슷한 에너지로 적용된다는 것을 잊지 말아야 한다. 이는 비슷한 것끼리가 아닌 다른 것끼리 맞부딪히면 모두가 절단이 나고 만다는 말이다. 자연의 기운이 깨지고 만다는 뜻으로 깨진 에너지는 결국 파괴로 이어진다는 무시무시한 의미를 내포하고 있다.

풍수화첩 46

# 풍수화첩 46

"변한다는 관점에서 보면 천지간에 한 순간이라도 변하지 않는 것이 없고,
변하지 않는다는 관점에서 보면 만물과 나는 모두 무궁한 것이니
또 무엇을 부러워하겠소?" (『소유』 문이재)

장사가 잘 된다던 집이 요즘 울상을 짓는다. 집 바로 앞으로 고가도로가
나면서 지나는 차량이 부쩍 줄었고 이러니 손님이 줄어들 수밖에 없지 않
느냐고 하소연을 하며 눈물을 흘리고 있질 않은가. 해서, 이 자리에서 몇
년 동안 음식 장사를 했느냐 물었더니 족히 30년은 됐다 했다. 30년 동안
꼭 이 자리에서 머물렀느냐 다시 물으니 그전엔 옆 다른 곳에서 약 20년
하다가 이곳으로 옮겨온 지 10년 남짓 되었다고 했다. 장사는 언제가 잘
됐냐고 물으니 옮겨와서 훨씬 잘 됐다며 이러니 더 약이 오른다는 것이었
다. 저 도로만 안 나더라도 좀더 돈을 모을 텐데 하면서. 다시, 이 주변엔
비슷한 음식점이 많던데 그 집들은 이 집처럼 장사가 잘 되느냐고 물으니
이내 고개를 저으며 우리 집이 잘 된다고 했다. 비교가 안 될 만큼 손님이
들끓었다고 했다. 이래서 더 화가 난다고 했다. 저 도로 때문에 하며 원망
의 눈초리로 위를 치켜 올려다본다. 옮겨 오기 전보다 음식이 맛있어졌냐
고 물으니 똑같은 재료에 같은 주방장이니 별 다를 게 없다고 했다. 근데
어떻게 장사가 별안간 잘 되었는지 아느냐고 물으니 고개를 다시 저으며
알 수 없다 했다. 더 친절해지긴 했느냐고 물으니 주인도 같고 일꾼도 같
은데 달리질 게 없다 했다.

식당 뒷산을 올려보니 부봉사가 셋이나 이 집을 내려다보고 있었다. 부봉사는 재물을 관장하는 산이질 않는가. 주차장 마당에서 좌측을 훑어보니 우백호가 아주 예쁘게 식당을 휘감고 있었다. 우백호 역시 재물과 여자를 관장한다. 식당 주인은 여자였다. 식당 바로 위로 큰 도로가 나면서 이 기운을 앗아가고 있었다. 이 집터의 기운이 다한 것이다. 문득,

'천지 사이의 물건들은 각각 주인이 있으리니, 진실로 나의 소유가 아니면 비록 털끝만큼도 취하지 말 것이로되, 오직 강 위의 맑은 바람만은 귀로 한껏 얻어 듣고, 산 사이의 밝은 달만은 눈으로 취해 맘껏 가져도 금함이 없으니 이를 아무리 가져다 써도 다하지 않을 것이요. 이는 만물을 만드신 분의 다함이 없는 곳집이요, 나와 그대가 이 바람과 저 달을 한껏 맘껏 즐기기만 하면 될 것 아니겠나.'

중국 옛 사람의 이야기를 들려주려다가 식당 주인아줌마가 분노를 삭이지 못하고 제 얼굴 위로 불꽃을 튀기고 있기에 그만두었다.

풍수화첩 47

# 풍수화첩 47

손님을 대접하는 데는 넉넉하게 하지 않을 수 없고,
집안을 다스리는 데에는 검소하게 하지 않을 수 없다. (가정을 다스리는 법)

아파트와 성당 사이에 끼어 있듯 숨겨져 있고 도로에서 봐도 눈에 뜨이지도 않는 곳인데도 손님이 바글댄다고 한다. 나무 숲으로 가려져 있어 일반 식당으론 적합하지 않은 터이거늘 장사가 잘 된다고 한다. 고급 한식당에다가 고위 공무원이나 장군들, 그리고 정치인들이 주 손님이라고 한다. 아직 평일 초저녁인데 검정색 대형 승용차들이 줄을 서서 들어가고 있다. 음식값도 무척이나 비싸다고 한다. 풍수 지관으로서 이럴 때가 참으로 난감하다.

좋은 터는 인품과 덕을 갖춘 착한 이의 것이라 했거늘 이런 터를 보면 아무리 풍수전문가라 해도 인간적인 감정이 먼저 앞선다. 집터는 풍수에 전혀 어긋남이 없이 그대로 맞아떨어졌다. 뒷산은 부봉사가 앉았고 도로 건너 적당한 거리의 앞산은 토채(작은 일자문성)가 앉았다. 돈을 벌 자리(부봉사)인데다가 손님은 주로 관리(토채)들임을 알려주는 대목이 아닌가. 그러나 인간적인 감정이란 주택가에 있으면서도 숨겨져 있고 숨겨져 있는 듯하지만 감춰지진 않은 자리는 관리들이 선호하는 자리이며 이런 자리를 어떻게 적절하게 풍수에 맞춰 잡았을까. 상술이 좋은지 음식 맛이 좋은지는 모르나 이 자리로 들어선 데는 결코 우연이 있을 수 없다. 땅은 그 주인이 다 있다고 하지 않는가. 풍수에 더 믿음이 가면서도 고개가 저어지는 것이 더러 이런 터를 목격할 때이다. 사람은 속여도 땅은 속이지 않는다는 말을 이런 때도 적용해야 하는 것인지 하는 의문이 들기 때문이다. 그러나 땅은 인간의 감정과는 무관하게 자연의 이치대로 제 풍수대로 묵묵히 가고 있을 뿐이니 이 또한 풍수지리의 오묘함에 머리가 절로 숙여진다. 땅은 인간이 어쩔 못하는 것이니.

풍수화첩 48

# 풍수화첩 48

"이것을 집이라고 산담!
마루는 공헌마루 같이 도깨비 장난하기에 알맞고,
안방은 두 칸도 채 못 되니 세간을 늘어놓고 보면
애들 북새에 눈코 뜰 새가 없겠고…." (『하늘과 땅과 인간』 고형곤)

 

어느 학자의 아내가 돈벌이 주변머리 없는 남편이 골라냈다는 집을 처음 보고 남편한테 하는 불평이다. 해방 바로 뒤 이야기니 벌써 60년은 족히 지난 옛이야기이다. 요즘은 차를 몰고 달리다보면 강변이나 냇가 곁에 서구적으로 꽤나 예쁘게 지은 별장 같은 집들이 많다. 대체로 겉으론 깨끗하고 예뻐 보이나 양택지로서는 부적절한 경우가 허다하다. 뒤로 마당이 좁기 때문에 마치 가슴을 앞으로 내밀며 벌어져 있는 듯한 형상으로 집이 앉아 있어 남의 눈에 잘 띄기도 하여 별로 좋지 않은 집터이다. 그러나 가난한 학자의 아내와는 달리 이 집 안주인은,

"우리가 이제 별장 같은 데서 사네! 앞의 시내는 우리 집 마당이니 선녀인 양 물장난을 치다 들어올 수 있고, 안방 창에선 온 세상이 다 보이니 세상이 온통 내 것인 양 하고 애들 뛰어놀기 좋은 놀이터 같은 집이네."

상상하니 처음 이랬을 것이다. 아이들이며 그 많은 식구들이 복작거리며 살았을 좁은 헌집에선 오순도순한 정경이 오래오래 떠오른다. 하지만 아이들이 활개치며 떠드는 소리가 들릴 것 같은 넓은 새 집에선 한숨 소리가 더 크게 들려온다.

가슴을 내밀고 벌릴 듯한 집은 가족 중 꼭 교통사고 등 우환이 따르기 때문이다. 집은 대지와 모양이 주변과 잘 어우러져야 한다. 그러나 이런 집들은 집만 유난히 눈에 띌 뿐 주변과 조화를 이루지 못하고 있다. 이는 청개구리 엄마의 물가무덤과 같아서 비가 오면 물이 넘쳐 집으로 넘어오는 건 아닐까 노심초사하고 비가 없어도 고인 물에 냄새가 유난하고 벌레가 끼니 이래도 저래도 늘 불안이다. 처음 집에 이사 갈 때의 느낌을 오래 갖고 살기가 힘들다. 이러니 집을 고를 때는 오래 살 수 있는 곳인가를 먼저 따져야 한다. 당장 보기 좋다하여 덥석 이사를 결정하면 얼마 안 가서 후회하게 된다.

풍수화첩 49-1

# 풍수화첩 49

글씨는 오른쪽이 짧으면 아래를 가지런히 하고,
왼쪽이 짧으면 위를 가지런히 해야 하는데,
이를 좇지 않는 것은 정신없이 획을 긋고 눈 감고 삐치는 것이니,
속된 글씨쟁이들이 하는 짓이다.
글씨는 붓에서 이뤄지고, 붓은 손가락에서 움직여지며,
손가락은 손목에서 움직여지고, 손목은 팔뚝에서 움직여지며,
팔뚝은 어깨에서 움직여지고, 이 모든 것은 오른쪽 몸뚱이에서 움직여진다.
오른쪽 몸뚱이는 왼쪽 몸뚱이에서 움직여지며,
왼쪽 몸뚱이는 아래 몸뚱이에서 움직여지니, 곧 두 다리에서 움직여지는 것이다.

(추사 김정희)

장사가 잘 되는 집들은 공통점이 있다. 정면으로 부봉(부봉사)이 있고 우백호가 감싸고 있는 것이다. 그러나 이것으로 다 말할 순 없다. 이 세상의 모든 물질이나 형상들은 모두 관계에 의해 엮여지고 물려있다. 이를 과학에서는 만유인력의 법칙이라고 말하는지 모르겠다. 이렇게 서로 얽히고 설키고 한 관계들을 어떻게 받아들일 것인가 하는 문제가 생긴다. 생활 속에서 벌어지는 사건들은 환경과 따로 떨어뜨려 생각할 수 없고 이들은 상호작용을 한다. 장사 잘 되는 집은 이런 관계나 상호작용에 있어 원활한 소통과 순환이 가능했기에 긍정적인 반응과 결과로 이어지게 된 것이다. 그러면 원활한 소통과 순환은 어떻게 이루어지는가 하는 궁금증이 생겨난다. 결론을 내리자면, 풍수를 삶에서 피드백 장치로 삼자는 것이다. 돈을 벌기 위해 풍수원칙에 임한 적절한 터를 마련하고 풍수이론에 적합

한 배치를 했다고 하자. 이것으로 끝나는가? 좋은 터에 알맞은 방위와 배치를 했다면 그것으로 만족하고 좋은 결과만을 기다리면 되는 것인가. 물론 땅은 속이지 않기 때문에 어느 정도 그 영향을 받고 그 결과도 만족스러울 수 있다. 그러나 중요한 것은 원하는 것에 다 미치지 않더라도 그 반절이나 그 3분의 1에 도달했다면 이 또한 풍수의 효과를 본 것이다. 그러나 이 이후가 문제이다. 바로 이것을 피드백으로서의 풍수로 이해하자는 것이다. 심리적인 것과 같다. 어쩌면 최면심리로 오해할 수 있을지 모르나 분명 그것과는 전혀 다르다. 최면심리적인 긍정적인 요소만 같을 뿐이다. 풍수는 과학이란 점은 확고하다. 하지만 과학도 끊임없이 과학자의 대물림으로 이어지면서 부정과 긍정 다시 부정을 통한 발전을 거듭해 오고 있다. 바로 이런 것이다. 풍수도 같다는 것이다. 왜? 풍수(풍수지리) 또한 과학이기 때문이다. 긍정적인 사고를 풍수가 줄 수 있다면 이것보다 더 큰 영향과 효과는 없다고 본다. 풍수에 대해 불신보다는 신뢰를 크게 가진다면 풍수의 부정적인 결과에 대해서 아주 능동적으로 대비하고 대처할 수 있을 것이다. '아, 내게도 좋지 않은 일이 생길지도 모르겠군. 미리 준비해야지.' 이는 결과적으로 긍정의 힘으로 발전시킨 경우이다.

'나는 신명나게 살 운명이다'라 했다.

명당의 조상 묘를 가지고 있다면 더 좋겠지만, 또 좋은 터의 집이나 식당을 가지고 있다면 더 좋겠지만, 그 반대의 경우에라도 비보나 풍수교정으로 이를 극복함으로서 운명이나 숙명에 그저 맡겨버리는 피동적인 삶보다는 한결 나은 삶으로 이끌어줄 수 있다고 보는 것이다. 이러면 역시 나는 신명나게 살 운명이지 않은가? 신명나게 살아야 할 운명을 갖고 우린 태어났다. 장사 잘 되는 식당이나 잘 사는 가정(집)을 보고 부러워만 할 것이 아니라는 말이다. 먼 산의 불이든 먼 산의 떡이든, '왜, 어떻게, 그래서' 하며 빗겨가는 운명을 내게로 잡아 끌어들이자는 말이다. 우리는 멋지게 살아야 할 의무와 책임이 있는 것이다. 이는 풍수의 신뢰로부터 출발한다. 풍수를 신뢰하면 부정도 긍정이 되고 긍정은 더 공고히 긍정이 되어 자기에게로 돌아온다. 일은 잘 풀리게 돼 있다. 풍수는 모든 관계를 유기적으로 이해하려는 긍정의 힘도 키워준다.

풍수화첩 49-2

풍수화첩 50-1

# 풍수화첩 50

대대로 나타나지 않는가. 도모하는 일은 더욱 삼가서 해라. (시경)
"오, 저들은 참으로 어리석고 헛되며 간악하고 악독하며 신은 더디 행하고
악마의 말은 속히 좇으며 마음은 늘 헛된 세상 속에 두는지고….."

『몰몬경』 힐라맨서

　　장사가 잘 되는 식당은 손님만이 아니라 다른 식당들도 꾀기 마련이다. 간판들마다 서로들 원조라 한다. 이웃 일본이나 먼 유럽의 선진국들은 이러한 원조 뒤집기 또는 사칭은 거의 없다고 한다. 오히려 존중해주는 게 상도덕이요 미덕으로 알고 있다. 풍수에서는 이런 아류나 거짓이 걸러진다. 단지 사람만이 정확히 분간하지 못할 뿐이다. 이웃하긴 했지만 간발의 차이로 교회는 골에 쓴 터가 되고 말았다. 신도가 늘지 않는다. 도로 안의 만두집이 잘 된다니 더 좋은 터인 도로변에 같은 만두가게를 차렸다. 그러나 손님은 뜸하다. 우백호의 끝자락 바깥에 터를 잡았기 때문이다. 재물을 모아주는 우백호의 영향을 받지 못해서다. 이렇듯 풍수는 정확하고 냉정하다.

　　미국인이 쓴 풍수에 관한 책이 공감하는 부분이 있어 그대로 옮기고자 한다. 이는 내용도 좋지만 우리나라만이 아니라 서양인들 사이에서도 풍수의 의미가 커져가고 있음을 보여줌으로써 동양적 한국적 풍수의 가치를 객관화해보자는 저의도 깔려 있다. 먼저 출처를 밝히면 『천재 A반을 위한 생활 속의 풍수』(데이빗 다니엘 케네디 지음, 2002년 비엔비 발행)이다.

**재산을 늘리고 돈의 흐름을 자극하는 10가지 방법**

1. 드나드는 통로 깨끗이 치우기

현관 입구와 문 주위의 공간들은 에너지가 집 안으로 들어오는 통로이다. 내부 순환에너지의 질과 상태는 에너지가 현관문을 통해서 오는 양에 의해 결정된다. 따라서 이 통로를 깨끗이 치워 놓아야 더 많은 에너지가 집 안으로 유입되어 집안에서 순환된다. 부를 받아들이는 곳으로서 아주 중요한 요소이다.


2. 재산 영역에 생기 불어넣기

재정상태에 활력을 불어넣어주는 사랑스런 방법으로 통장이나 금고 등 재산영역에 식물을 알맞게 배치한다. 돈을 벌게 하는 풍수교정법이다. 또 침실에서 생의 3분의 1을 보낸다. 따라서 이런 침실의 재산영역은 금전운에 강하게 영향을 주는데, 참실이 바람종(작은 풍경 같이 바람에 소리를 내는 물건)을 걸어두는 방법이다. 9인치의 배수 길이로 자른 빨간색 리본으로 종을 걸어두면 그 활력을 더 얻을 수가 있다.


3. 우위적 위치에 책상 놓기

책상이 집이나 사무실에서 우위적인 위치에 놓게 되면 좀더 쉽게 성공할 수 있다. 즉 책상의 위치를 바꿈으로써 재산영역에 있는 에너지가 제 힘을 더 발휘할 수 있다. 구체적으로 책상을 문이 바라보이고 문에서 멀리

떨어진 위치에 놓는다. 이는 바람을 타고 달리는 것 같이 더 빨리 성공의
길로 달릴 수 있게 한다.


## 4. 입구 밝히기

캄캄한 입구는 어두운 미래, 어려운 직업, 돈의 융통이 수월치 못함을
암시한다. 좋은 입구는 좋은 느낌도 준다. 입구의 등은 다른 등보다도 더
밝은 것을 켜두는 것이 좋다. 60와트 이상의 밝은 등이 좋다. 이 방법은
집안 전체의 분위기나 에너지를 향상시켜 준다.


## 5. 재산의 흐름 증가시키기

풍수에서 물은 재산을 의미하며, 흐르는 물은 돈의 흐름을 원활히 해준
다. 현관을 향해서 물이 흐르는 것이 가장 이상적인 상태이다. 분수를 설
치해 분수의 물이 현관 쪽으로 흐르게 해놓으면 아주 좋다. 물이 흐르는
양이 많으면 많을수록 금전적인 이익도 늘어난다. 반대로 물이 집에서 밖
으로 흐르면 돈이 빠져나가니 단속에 유의한다.


## 6. 대지 모양 만들기

대지의 모양은 행과 불행, 운과 불운을 결정하는 기본적인 요소이다. 땅
의 모양은 정사각형이나 직사각형이 좋다. 만약 땅이 각이 져서 기울어져
있을 때는 경사부분의 양끝에 전구를 달아서 교정을 한다.

## 7. 쓸데없는 지출 막기

집 안의 배수관은 돈도 빠져나가는 곳이다. 이러니 꼭 배수관을 막아두고 덮어서 에너지를 봉해둔다. 욕실 문은 항상 닫아두고 문밖에 전신 거울을 걸어둔다. 이는 건강과 재산의 생명에너지가 불필요하게 새나가는 것을 막아준다. 화장실등 집 안의 모든 배수관을 덮어두거나 막아두면 즉시 신체에서 에너지의 변화를 느낄 수 있다. 이러면 곧 주머니 사정도 좋아진다.

## 8. 더욱더 부유하게 되기

식탁 위의 음식과 접시는 부를 나타낸다. 이러니 신선한 과일이 담긴 커다란 장식용 그릇이나 여러 가지 식용품 그릇이 식탁 위에 많이 놓여 있는 것은 부를 활성화 시키는 데 효과적이다. 더 효과적인 방법은 식당에 큰 거울을 놓아서 식탁이 보이게 하는 방법이다. 거울은 접시를 두 배로 비치게 함으로써 재산과 행운을 두 배로 늘려준다. 이래서 식탁이 크면 클수록 좋다.

## 9. 집 모양의 균형 맞추기

정사각형이나 직사각형이 아닌 쪽 벽에 거울을 달아 집이 확장되게 보이게 하거나, 싱싱한 식물을 놓거나, 크리스탈 구를 걸어두는 방법이 있다. 집 안의 균형을 사각형에 맞춰 불균형을 시정하고 튼실하게 함으로서 돈을 모으고 보유하는 것을 더 쉽게 해준다.

10. 번지수와 우체통을 눈에 띄게 놓기

사람들이 찾아오기 어려운 집은 돈도 찾아오기 힘들다. 일반적으로 은폐는 부유하게 되는데 좋은 방법이 아니다. 번지수를 잘 보이게 하기 위해 가능한 번지수를 알리는 푯말을 높이 올린다. 우체통 역시 잘 보이는 곳에 두고 낡은 우체통을 새 우체통으로 교체한다.

풍수화첩 50-2

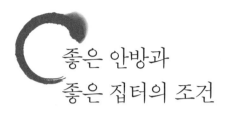

# 좋은 안방과
# 좋은 집터의 조건

## 좋은 안방의 조건

사람은 태양과 공기에서 자연의 에너지를 받고 활동하다가 밤에는 인위적으로 지은 양택(집)에서 잠을 자고 하루의 피로를 풀며 에너지를 축적한다. 특히 사람은 하루 중 잠을 잘 때에 집터의 생기를 가장 많이 받는다.

즉, 집터의 기운이 좋으면 좋은 기운을 반대로 나쁘면 나쁜 기운을 그대로 받게 되는 것이다. 그중에서도 집의 주인이 잠을 자는 안방은 매우 중요한 부분을 차지하고 있다.

안방은 너무 밝으면 정신 집중이 안 돼 별로 좋지 않고 너무 어두우면 또 우울해지기 쉽다. 또한 너무 크거나 작거나 해도 좋지 않기 때문에 안방은 집안의 중심으로서 안정되고 규모도 이에 상응하게 적절해야 한다.

또, 방위에 따라, 안방이 남서쪽에 있으면 학자나 예술가에게 좋고, 동쪽에는 양기가 충만하므로 자라나는 자녀의 방으로 활용하는 것이 좋음으로 참고하길. 서쪽의 안방은 재산이 나가고 늘 심리적으로 불안해진다.

문을 열었을 때 침대가 정면으로 보이지 않게 하며 화장대는 남서쪽에, 그 옆에는 황금색 띠를 두른 액자를 걸어둔다. 또한 남편의 의욕을 돋우고 싶다면 동쪽에 빨간색 소품을 두고, 남편에게 원기를 불어넣을 수 있는 녹색 물건과 소리가 나는 물건을 침대 옆에 놓아두면 좋다.

침실의 방향은 남동향이 가장 좋으며 남편은 안쪽에서 취침해야 하고 침대는 침실 문에서 약간 비껴 선 위치에 두는 것이 좋다. 그리고 중요한 것은 머리를 두고 자는 방향은 어느 방위를 막론하고 집이 앉은 지형의 높은 곳 쪽으로 머리를 향하고 나은 곳으로 발을 둔다. 벽지나 커튼은 무늬가 없는 단조로운 것으로 하며 화분과 조명을 이용해 침실의 기운을 높이도록 한다. 벽지나 이불, 가구 등은 사람마다 차이가 있으므로 건강에 맞는 오방색을 선택해서 배열하면 좋다. 가령, 간이 좋지 않은 사람에게는 청색계열이 조혹, 고혈압이 있는 사람에겐 붉은색이 좋지 않지만 저혈압인 사람에게는 좋다. 그리고 위장병 및 소화기 계통의 병이 있는 사람에게는 황색인테리어가 좋으며 정력이 약하거나 요통이 있는 사람에게는 검정색이 좋다.

그러나, 아무리 이런 기준으로 안방을 꾸몄다 해도 집터가 부적절하다면 아무 소용이 없다. 우선 집터가 좋아야 그 기를 받을 수가 있기 때문이다.

### 좋은 집터를 선택하는 방법

땅기운이 좋고 안정된 곳을 찾아 건물을 짓는 것이 가장 중요하다. 다음과 같이 호와 불호를 따라 집터를 고르면 무리가 없다.


◈ 땅기운이 좋은 터

1. 산맥의 여기(남은 기운)가 있는 터

2. 경사가 5도 내지 20도 이내의 완만하고 평탄한 터

3. 산자락이 감아 도는 안쪽의 터

4. 주변의 산들이 수려할 것

5. 뒤쪽이 높고 앞쪽이 낮은 터

6. 주변의 집들이 균형을 이루고 있는 터

7. 대문 입구의 진입로가 약간 낮거나 평탄한 터

8. 물이 집 뒤쪽으로 흐르지 않는 터

9. 좌우나 또는 앞쪽으로 물이 집터를 받아치듯 흐르거나 개울이나 강 뚝이 접하지 않은 터

10. 큰 차가 다니는 대로와 멀리 떨어져 있는 터


◈ 땅기운이 나쁜 터

1. 골짜기를 매우거나 고른 터

2. 늪, 웅덩이, 쓰레기 등의 매립지, 모래땅

3. 산이 흘러가는 등성이를 고른 터

4. 경사가 급한 산을 절개하여 축대를 높게 쌓은 터

5. 좌나 우로 경사진 땅을 고른 터

6. 산자락이 배역하는 산 옆구리의 터

7. 주변의 산이 흉한 모습인 곳

8. 절벽 위나 절벽 아래 터

9. 뒤쪽이 낮고 앞쪽이 높은 터

10. 대문 입구의 진입로가 높은 터

11. 집 뒤가 허물허물하여 무너질 위험이 있는 터

# 명산에 명당은 없다

　바위가 많고 울퉁불퉁한 입체형 산은 생기가 하늘로 솟고 옆으로 뻗어나가지 못하고 산 안에 머물러서 고여 있어 명당자리가 없다. 그리고 산의 기운이 너무 강하면 인간이 감당하기 힘들다. 큰 산의 정상 부분의 혈에다 음택을 쓰면 바로 재앙이 오며, 산의 지형에 따라 사람의 심성도 좌우된다.

　산은 크게, 입체구조형, 판板에너지구조형, 선線에너지구조형의 세 형태로 대별할 수 있다. 입체구조형은 네팔의 히말라야 봉이나 설악산 같은 높은 산으로 하늘로 치솟는 형이며, 판에너지구조형은 만주벌판 그리고 미국, 아르헨티나 같은 넓은 평야지역으로 우리나라로 말하면 제주도나 만경 평야, 김해 평야 같은 지대를 말한다. 또 선에너지구조형은 나무줄기를 생각하면 이해가 빠르다. 뿌리에서 뻗어나간 줄기가 가지를 치고 또 가지를 쳐 핵반응하듯 나뉘어 퍼져 있는 모양을 떠올리면 된다.

　선에너지구조형의 기를 받은 사람들은 통찰력이 뛰어나고 개인 능력이 탁월하나 사당 또는 파당으로 모이지 못하고 흩어지는 약점을 가지고 있다. 반면에 판에너지구조형의 기를 받은 사람들은 전체적인 조화와 질서의식이 강하고 단결심이 남다르다. 유럽대륙, 아메리카대륙, 일본, 중국 사람들이 이에 해당한다. 물론 같은 나라에도 각 구조형이 두루 존재한다. 우리나라 제주도도 대부분 판에너지구조형으로 형성되었으며, 선에너지구조형으로는 경상도와 전라도, 그리고 입체구형으로는 강원도를 들 수가 있고, 이들 지역민의 심성이나 성격이 다르다는 것을 파악할 수가 있다. 또한 판에너지구조형에서는 땅 에너지의 집합과 응축이 일어나지 않기 때문에 사람의 시신을 매장하면 빨리 썩어버린다. 특히 일본은 다른 대륙의 판에너지구조지형과는 달리 화산폭발로 생겨난 땅이 많기 때문에 산화토가 많아서 사람의 시신을 매장하면 더욱 빨리 썩는다. 이런 땅은 자연생명에너지의 집합과 응축이 일어나지 않고 오히려 유골에서 간섭에너지가 발산되어 자손에게 피해를 주게 된다. 이 때문에 일본에서는 예부터 우리나라와는 달리 음택보다는 양택에 더 신경을 쓰고 있는 일본인들은 자기네 나라의 지기를 이미 잘 파악하고 매장 대신 화장을 해서 납골당에 조상을 모시고 있다. 대신 살아생전의 양택에 더 깊은 연구를 함으로서 국토풍수로 발전시킨 국민들이다. 세계의 지붕이라는 최고의 산들을 보유하고 있는 네팔과 같은 나라는 산악이 험악하고 수직상승된 입체구조형 산세에서는 땅에너지의 흐름이 멈춰있거나 위로 상승하여 산의 기운을 받기가 힘들다. 그래서 고산지대 출신의 큰 인물은 드물다. 기가 흐를 수 있는 산은 사람들이 생활하는 공간과 친화력을 줄 수 있는 낮은 산이 가장 좋다.

마을 뒷동산 같은 산에서 산의 기운이 순조롭고 부드럽게 전해진다. 반면 중국의 평야지대나 태국 같은 나라는 평야지대로서 땅에너지가 평평하고 고루 퍼져있어서 땅에너지의 흐름이나 취기·응축·집합현상이 일어나지 않는다. 이러한 곳에서는 농산물 또한 맛과 영양 면에서도 떨어진다. 같은 종자로 재배한 인삼도 중국산과 우리나라산이 달라 그 효능에 있어 10배나 차이가 나며 이를 반증해주고 있다. (명당 국세도 그림참고)

2장

풍수의 기본 원리와 영향

# 동기감응, 상과 후손은 하나다!

    화장 문화가 대세다. 국토도 좁고, 산 자들의 땅도 부족하니 화장 문화가 필요하다고 권장한다. 화장은 시신을 재로 만들어 뿌리거나 남은 재를 보관하는 방식이다. 시대적인 필요에 의해서 화장이 필요하다면 시대의 요청에 따라야 한다. 하지만 분명하게 알아야 할 것이 있다. 화장은 깨끗하게 정리할 수 있는 편리함이 있지만 지켜야 할 수칙이 있다. 화장하고 남은 유골을 나무에게 거름 주듯이 하지 말라는 당부다. 수목장이라고 해서 나무에 거름 주듯이 하는 경우가 있다. 자연으로 돌아가라는 취지는 좋지만 결과는 좋지 않다. 풍수의 원리를 알면 무엇이 나쁜지 알 수 있다.

    풍수에서 말하는 동기감응이란 것이 있다. SBS의 〈그것이 알고 싶다〉라는 프로그램에서 진행한 부산 동의대 이상명 교수의 실험이다. 성인 남자 세 사람의 정액이 담긴 시험관에 각각 전압계를 설치한 뒤 다른 방에서 세 사람을 약한 전류로 자극하는 실험을 했다. 결과는 놀라웠다. 세 사람이 자극을 받는 것과 동시에 그 사람들의 정액이 담긴 시험관에 설치한 전압계의 바늘이 움직였다. 정확히 말하면 정자가 경련을 일으킨 것이다. 학자들은 이를 동기에 의한 반사파 현상이라고 설명했다. 동기감응 현상이 증명된 것이다.

그런데 아무리 기를 인정한다고 해도 정자는 생명체이기에 가능하지만, 이미 죽어 뼈만 남은 조상의 기운이 후손에게까지 전해진다는 것은 무리가 아닐까 하는 의문이 있을 것이다. 하지만 뼈는 단순한 물질이 아니다. 화학적으로 분석하면 인산칼슘의 집합체이지만, 골수라는 말이 있듯, 생물체의 정이 응집된 것이기도 하다. 미국의 월라드 리드 박사는 '사람의 뼈 속에는 14종의 방사성 탄소 원소가 사후에도 오랫동안 남아 있다'는 발표를 했다. 이것을 풍수로 해석하면 뼈에는 그 사람이 가졌던 기운이 간직되어 있으며, 같은 파장을 가진 후손에게 전달된다는 것이다.

다른 사례도 있다. 일본에서 실험한 내용이다. 아이가 아플 때 아이의 엄마에게 침 시술을 하면 아이가 낫는다는 실험이다. 성장한 아이에게는 해당되지 않으며 5살 이하 어린아이의 경우 효과가 있음이 입증되었다. 과학이 발달하지 않았던 옛날에도 현인들은 알고 있었다. 물론 여전히 의문은 남는다. 과연 그런 일이 있을 수 있을까 하는 의문이다. 동기감응에 대한 최초의 기록은 진나라 때 곽박이 지은 『금낭경』에 나온다. 첫 장 「기감편氣感篇」에 "시이동산서붕是以銅山西崩 영종동응靈鐘東應"이라는 내용이 나온다.

내용을 풀면 이렇다. 중국 한나라 때의 동쪽에 있는 미앙궁에 구리로 만든 커다란 종이 매달려 있었다. 종은 서쪽 땅 진령에 있는 구리산에서 캐어낸 구리를 원료로 만들었다. 어느 날 누가 종을 건드리지도 않았는데 종이 저절로 울었다. 황제가 이상해 옆에 있던 동방삭에게 종이 울린 원인이 무엇이냐고 물었다. 동방삭이 대답하기를, "서쪽에 있는 구리산이 붕괴되었습니다."라고 답변을 했다. 과연 얼마 되지 않아 진령에 있는 구리산이 붕괴되었다는 보고가 들어왔다. 산이 무너질 때가 바로 미앙궁의 영험스러운 종이 울린 시각과 일치했다. 황제가 다시 동방삭에게 그런 사실을 어떻게 알았느냐고 물었다. 동방삭이 대답했다.

"이 종은 진영의 구리산에서 캐어낸 동으로 만들었기 때문에 동질의 구리끼리 서로 감응을 일으켜 발생한 일입니다."

황제가 크게 감탄을 하며 말했다.

"이처럼 미천한 물질들도 서로 감응을 일으키는데, 만물의 영장이 되는 사람은 조상과 후손 사이에 얼마나 많은 감응을 일으킬 것인가?"

무생물인 광물조차도, 동질의 에너지끼리 서로 교감이 이루어지고 있다는 내용으로, 사람도 조상의 유해를 좋은 터에 잘 모시면 반드시 자손 등에게 복이 닥친다는 교시다. TV나 라디오도 주파수가 맞아야 볼 수 있고 들을 수 있다. 중요한 것은 공명 현상이다. 주파수는 서로 공명한다. 소리굽쇠라는 도구를 사용하여 실험해보면 확인된다. 소리굽쇠는 같은 주파수의 소리굽쇠를 가까이 가져가면 공명하면서 역시 진동하기 시작한다. 같은 주파수를 가진 것은 한편이 소리를 내면 거기에 공명하여 소리를 낸다. 유유상종이란 말이 있다. 같은 파동을 가진 것이 서로를 끌어당겨 반응하는 것이다.

파동은 속성상 주파수가 맞으면 다른 파동과 공명을 한다. 오페라 가수의 고음과 유리컵의 주파수가 맞으면 유리컵이 깨어진다. 1850년 프랑스에서는 478명의 군인들이 발을 맞추며 앙제 다리를 걸어가다가 다리와 공명이 일어나 다리가 무너졌다. 1985년 멕시코 지진 때는 중간 높이의 건물들이 많이 붕괴되었다. 이유는 비슷한 높이의 건물이 가지고 있는 고유 주파수와 지진파의 진동 주파수가 거의 같아서 공명이 일어났기 때문이었다. 1940년 미국의 타코마 다리는 바람이 불자 완공 4개월 만에 허망하게 무너지고 말았다. 바람이 강해서가 아니라 바람의 주파수와 다리의 주파수가 일종의 공명을 일으켰기 때문이었다.

인체도 파동체다. 당연히 공명을 하게 되어 있다. 인체의 파동은 미약하기 때문에 오페라 가수의 고음이라든지, 지진파라든지 혹은 강한 바람과 같은 강한 진동에 공명하는 것이 아니라 생각지도 않았던 미약한 것으로부터 공명의 영향을 받는다. 풍수에서는 망자의 묻힌 산과 땅의 영향을 받는 것으로 본다. 산을 보면 운명을 알 수 있고, 살아온 운명을 말하면 산의 모양을 그릴 수 있으니 수학 원리와 같다. 이것이 풍수다.

확실하게 말하지만 풍수는 존재한다. 화장 문화를 이야기하다 풍수 원리를 짚어봤다. 국가를 위하고, 민족을 위하여 싸우다 사망한 국가 유공자들의 자손이 잘 안 풀리는 이유는 어디에 있는가. 국가에서 지원을 하면서까지 도와주려 하는데 왜 독립유공자나 국가 유공자들의 자손들은 가난하고 어렵게 살고 있는가. 한 마디로 안 좋은 자리에 묻힌 경우가 많기 때문이다. 전쟁 중에 사망한 경우는 사망자의 시신을 찾을 수 없고, 제대로 안장되지 않고 묻힌 경우가 많다. 제대로 된 자리에 묻히지 않은 경우 사망자의 후손이 그대로 영향을 받는다. 골짜기에 묻혔거나 늪 같은 곳에 묻힌 경우 치명적인 문제점을 낳는다.

예를 들어, 물에 빠져 죽은 조상의 시신을 찾지 못하고 강이나 바다에 그대로 침잠沈潛된 경우 자손 중에 정신질환자나 정상적인 활동을 하지 못하는 후손이 나오게 된다. 옛날부터 객사나 전쟁 시에 사망했을 경우에도 반드시 시신을 찾아서 안장하는 것이 이러한 이유 때문이다. 시신이 잘못 묻힐 경우 후손에게 나쁜 영향이 생기게 된다. 독립유공자나 참전용사의 후손들도 마찬가지다. 전쟁 시 함께 매몰됐을 경우 급박하여 장례를 제대로 치를 수 없는 상황인 경우가 많다. 그런데 시신의 상태가 후손에게 그대로 영향을 끼치게 된다. 안타까운 일이다. 국가와 민족을 위하여 싸우다 사망했음에도 후손들이 더 어려운 상황에 빠지게 되는 경우다.

골짜기에 묻혀서 겨울에 시신이 어는 경우는 후손들이 백혈병이나 암 같은 병으로 죽어나가고 가난에 시달리게 된다. 풍수를 하면서 확신하는 것은 부모 산소의 영향을 후손들이 그대로 받는다는 것이다. 파묘를 해서 시신의 상태를 보면 후손들이 어디에 병이 걸렸는지를 그대로 짚어낼 수 있다. 그리고 현충원이나 국립묘지의 경우 화장을 했을 때만 안장될 수 있는 규정이 있어 문제가 생긴다. 화장을 하면 시신이 불에 타 영향을 주지 못한다. 나쁜 묏자리를 쓰는 것보다 화장을 하면 부모에 의한 파장을 받지 않지만, 반대로 좋은 영향도 받지 못한다는 아쉬움이 있다. 화장을 한 경우 성공한 자식을 만나기 어려운 것도 같은 이유다.

인간은 만물의 영장으로 생물 가운데 가장 강력한 기가 응결된 결정체이다. 특히 인간의 **뼈**는 도체導體로서 기를 잘 흡수하기 때문에 인체 가운데 가장 많은 기가 응결된다. 사람을 매장하면 피와 살은 곧 썩어 없어지지만 **뼈**만은 오랫동안 남아 있다. 따라서 남은 뼈는 같은 유전자를 가진 자손과 시공을 초월하여 좋고 나쁜 감응을 일으킨다. 사람이 죽으면 흙으로 돌아간다. 만약 흙 속에 묻힌 시신이 좋은 땅인 진혈에 묻히면 땅속으로 흐르는 좋은 기운인 생기가 유입되어, 기가 자손에게 좋은 감응을 일으키도록 유도한다는 것이 동기감응론이다.

적어도 사회적으로 안정되고 자신의 의지대로 굳세게 밀고 나가 성공을 한 사람의 경우 조상의 선영이 없는 자가 드물다. 반대로 선영을 없애고 화장을 한 순간부터 집안의 재산과 권력이 부지불식간에 빠져나가 버리고 만다. 조상 묘를 화장하고 자손이 잘되는 경우는 드물다. 특히 오래된 선산의 조상 묘를 없애고 선산마저 팔아먹은 경우 처참하게 망해서 죽어 나가는 것을 여러 번 목격했다. 보상받은 돈으로 호의호식하며 잘살 것 같아도 반대 상황에 처하는 것을 종종 목격했다.

이외에도 동기감응에 대한 사례는 많다. 예를 들면, 후손이 백혈병에 걸린 경우는 대부분 조상의 시신이 골짜기에 묻혀 얼었다가 한여름까지도 녹지 않을 때 발생하는데, 시신을 다른 좋은 곳으로 이장하면 백혈병이 감쪽같이 낫는 것을 여러 번 경험했다.

아는 스님 한 분은 백혈병으로 고생을 해서 산소를 찾아갔다. 투석하는 단계까지 와 있었다. 예상했던 대로 골짜기에 산소가 있었고, 시신은 얼어 있었다. 파보지 않아도 시신 상태를 어느 정도 파악할 수 있다. 파보지 않고 시신상태를 확인하는 것은 훈련을 통해 알 수 있다. 특별한 능력이 아니라 누구나 훈련을 통해서 할 수 있는 방법이다. 이장을 하자고 했다. 스님에게서 연락이 왔다. 큰스님이 올해 이장을 하면 너는 죽는다고 했다고 하면서 난색을 보냈다. 풍수에서 나쁜 곳에 묻혀 있으면 날을 볼 것이 아니라 한시라도 빨리 옮기거나 화장을 하는 것이 옳은 일이다. 날짜에 의해서 해도 되고 안 되는 것은 없다. 물에 빠지거나 병에 걸린 사람이 날짜를 보면서 약을 먹거나 치료를 하는 것이 아니듯 풍수도 마찬가지다. 빨리 이장할 것을 강력하게 제안했다. 스님도 동의했다. 동의를 얻어 묘를 파보니 시신이 꽁꽁 얼어 있었다. 그리고 이장을 했다. 지금은 다 나아서 건강한 상태로 교수로 활동을 하고 있다.

북한의 경우 3대가 세습을 하면서 김일성과 김정일 부자의 시신을 보관해 오고 있다. 풍수상 부모 시신의 상태가 자식에게 그대로 전달된다고 본다. 정상적인 상태가 아니라 약물과 방부제 등으로 보관하고 있다고 한다면 자식들의 건강은 물론 인생에도 적잖은 부정적 영향을 끼친다고 볼 수 있다. 이처럼 억지로 보관된 김일성·김정은 부자의 시신 상태도 바로 후손에게 영향을 끼친다고 믿는다. 지금까지 버텨 온 것만으로도 길다고 본다. 앞으로 길어야 3년 안에 몰락할 것이다. 그리고 김정은과 김정철 등 후손의 건강 상태는 상당히 나쁠 것으로 추측한다.

# 화장 문화 시대의 풍수

　동기감응으로 인해 후손에게 영향을 주는 산소는 좋은 자리에 있을 때 좋은 영향을, 나쁜 자리에 있을 때 나쁜 영향을 미친다. 대신 묘를 쓰지 않고 화장을 하면 어떤 현상이 생길까? 동기감응은 같은 유전자를 가진 만큼 영향을 준다. 자식에게는 영향이 절대적이지만 손자에게는 영향이 줄어든다. 증손자 대까지는 영향이 일부 있지만, 그 아래로 내려가면 영향권에서 벗어난다. 묻힌 사람의 영향을 받는 것인데 화장을 해서 태워버리면 대부분은 사라지고 일부 뼈만 남는다. 그것도 부숴서 빻으면 더욱 영향력이 사라진다. 일부만이 남아서 남은 만큼의 영향을 준다.

　좋은 것도 없고 나쁜 것도 없어진다. 자신의 능력으로 살아가면 된다. 자신의 능력으로 살아가는 것이 쉽지 않음은 양택을 통해 확인할 수 있다. 허허벌판에 집을 지으면 산의 영향을 받지 않는다. 하지만 거친 바람과 태양을 피하기 어렵다. 풍수도 마찬가지다. 아무 영향도 없으면 나쁜 것을 제거했다는 점에서는 좋지만 좋은 영향을 받은 사람과의 경쟁에서 밀리게 된다. 부모의 선산이 없는 사람의 경우 군수 이상의 자리를 차지한 경우를 찾기 어렵다는 점이 이를 방증해준다.

풍수의 영향이 인생에 30% 정도라고 하면 100미터 달리기를 할 때 아무 영향력도 받지 않는 사람의 경우는 그대로 100미터를 달려야 한다. 좋은 자리를 가지고 있는 사람은 70미터만 달려도 된다. 그리고 나쁜 자리에 있는 사람의 경우 130미터를 달려야 한다. 승리는 거의 결정된 것과 같다. 한 사람의 운명은 그가 어느 나라에 태어나느냐에 따라 이미 상당 부분 영향을 받는다고 한다. 빌 게이츠가 아프리카 소말리아 흑인의 후손으로 태어났어도 세계적인 컴퓨터 천재가 되었을까? 물론 불가능하지야 않겠지만 쉽사리 상상이 가지 않는 상황이다. 이처럼 국적은 국토의 차원으로 부여되는 개인의 운명이지만, 한 국토 내에서 풍수는 더욱 직접 개인에게 영향을 미친다. 다소 껄끄러운 사례이지만, 부자 집안에서 태어난 아이는 부자가 될 확률이 높다. 가난한 집안에서 태어난 아이는 가난할 확률이 높다. 왕의 집안에서 태어나면 저절로 왕자가 된다. 사회적 평등의 관점에서 바람직한 상황은 아니지만, 분명한 것은 자신의 능력만으로 큰 성공을 이루기는 쉽지 않다는 점이다.

분명한 것은 동기감응이라는 현상의 실체다. 조상이 물속에서 허우적대는 꿈을 꾸고 난 다음 묘소를 찾아보니 묘가 내려앉거나 침수된 사례는 흔하다. 조상이 추위에 떨며 옷을 달라고 하는 꿈은 상당수가 묘에 물이 찬 경우다. 묘에 물이 차면 후손들에게 여러 가지로 나쁜 영향을 준다.

조상의 묘가 있고 없고의 차이는 확연하게 구분된다. 선산이 있는 경우는 당차게 한길을 포기하지 않고 간다. 좋은 산을 가질 경우 산의 좋은 에너지를 받아서 건강하고, 주체적인 성격을 가지게 된다. 하지만 산소가 없는 경우는 중도에 포기하거나 한길을 가지 못하고 쉽게 포기하는 경향이 있다.

마지막으로 화장 문화가 80%로 대세지만 화장을 했을 경우 제대로 된 관리를 해야 한다. 화장했을 경우에는 항아리에 담아 뼈를 곱게 빻아서 공기가 밀폐되도록 하고 양지바른 곳에 매장하는 것이 좋다. 숲이나 바다에 뿌리는 경우를 종종 보게 되는데 얼마 남지 않은 유골이라도 숲이나 물에 뿌리는 것은 좋지 않다. 항아리 같은 것에 담아서 안장하거나 썩지 않도록 보관하는 것이 좋다.

오래된 공원묘지의 경우는 그렇지 않지만 요즘 만들어지고 있는 곳들에는 문제가 많다. 예전의 공원묘지는 산을 있는 그대로 유지한 채 산소를 쓰도록 만들어졌다. 나무만 베어내고 정리해서 산소를 쓰게 했기 때문에 산이 파괴되지 않았다. 반면 요즘의 공원묘지를 보면 산을 아예 허물어 버리고 골짜기는 흙으로 채우는 평탄 작업 후에 분양한다. 치명적인 문제점을 가지고 있다. 산을 깎고 평탄작업을 해서 만든 터에 묘를 쓰면 집안이 몰락한다. 건강상태도 나빠진다. 공원묘지는 편의시설과 치장을 해서 잘 가꾸었지만 정작 풍수학적으로 봤을 때 산을 허물고 만들어 후손들이 어려움을 당하도록 조성했다는 점에서 낙제점수를 줄 수밖에 없다. 새로 조성되는 공원묘지의 경우 상당수가 비슷하게 만들어지고 있다.

산을 깎으면 무슨 문제점이 생기는가를 살펴보자. 산소를 쓴 자리를 혈장이라고 하는데 혈장이 우선 파괴된다. 혈장이 파괴되면 후손에게 파괴된 혈장의 영향이 전달된다. 혈장을 보고 집안의 내력을 알 수도 있다. 혈장이 파괴되면 해당하는 자손에게 문제가 생긴다.

산소를 관리하기 힘들면 화장을 해서 잘 모시는 것이 필요하다. 산소 관리를 잘못하면 바로 화가 미친다. 산소관리에서 나쁜 현상으로 대표적인 것을 염廉이라고 한다. 5대 염이 있다. 물이 차는 건 수렴水廉, 나무뿌리가 침범하는 건 목렴木廉, 뼈가 불에 타듯 까맣게 변하는 게 화렴火廉, 그리고 벌레가 끓는 게 충렴蟲廉이다.

충렴은 묘에 뱀이나 쥐, 지네 등 벌레가 들어가 있는 것이며, 자손들은 대개 중풍을 앓거나 정신질환에 걸려 미친 사람 된다. 목렴은 나무뿌리가 들어간 경우로 대개 토질이 나쁠 때 생긴다. 자갈땅에 묻으면 영락없이 목렴이 든다. 자손들은 신경통이나 농창, 피부병 등에 걸린다. 수렴은 수맥이 지나는 곳에 시신을 묻으면 든다. 입수처入首處가 바위와 흙으로 나누어진 곳이면 물이 지하로 스며들기 쉬워 수렴이 든다. 관 속에 물이 들면 시신이 썩지 않거나 반대로 녹아 없어져 버리게 된다. 드문 경우지만 복시혈伏屍穴이라 하여 시신이 뒤집어지는 수도 있다. 자손들은 극심한 두통이나 만성질환을 앓는다. 화렴이 들면 흡사 불에 탄 것처럼 수의의 일부분이 까맣게 타 있다. 시신의 한 부분이 타 없어지는 예도 있는데 마찬가지로 자손들에게 나쁜 영향을 끼친다. 풍염은 관 속에 바람이 드는 경우인데, 직접 칼바람을 맞아 시신이 푸석푸석하게 되고 만다. 자손들은 흉사凶死를 당한다.

시신을 모실 때 회를 섞어 묏자리 기반을 다지는 경우도 있는데, 나무뿌리나 곤충이 침입하지 못하고 흙이 단단해지는 효과를 위해서다. 회를 섞어서 개어 회다지를 하면 흙이 굳어지는 효과가 있는데 문제는 회에서 열이 발생하니 조심해야 한다.

지금은 국민의 80%가 화장을 한다. 화장이 대세인 세상이다. 산소를 관리할 사람이 없다는 것도 한몫하고 있다. 국토가 좁은 나라에 산소가 차지하는 면적이 넓다는 주장도 있다. 지금에 와서 매장 문화를 주장하고 싶지는 않다. 꼭 필요한 사람만 하면 되지만 다만 매장의 폐해는 줄이고자 한다.

화장의 문제점도 적지 않다. 우선 기존에 있는 묘를 화장해서 납골당에 모실 경우 부모 형제의 위계가 깨지는 현상이 발생한다. 형제간에 서로 돈독한 관계가 깨지는 것을 목격한다. 그리고 끈기가 없어진다. 힘든 것을 참고 견디며 밀고 나가는 힘이 결여된다. 중요한 것은 크게 성공한 사람 중 선대의 묘를 가지고 있지 않은 사람이 없다는 점이다. 우선 선대 묘가 없으면서 대통령이 된 경우는 없다. 우리나라 대통령의 경우 대부분 가난하고 시골에서 태어나 자란 경우가 많다. 그럼에도 서울로 진출하고 명문고를 나오거나 어려움을 극복하고 대통령의 자리에 올랐다. 선영이 있는 경우 견디는 힘과 추진력이 강하게 작용하는 것을 알 수 있다. 국회의원이나 시장·도지사, 혹은 구청장이나 군수 정도로 입지를 굳힌 사람의 경우도 선대의 묘가 없는 경우를 거의 보지 못했다. 선대 묘의 유무에 따라 확연하게 차이가 났다. 선영이 있는 경우는 주체적인 인간으로서 자신이 목표한 것을 꿋꿋하게 밀고 나가는 힘이 있었고, 선영이 없는 경우는 포기가 빨랐다.

건강에도 확연하게 차이가 났다. 선영이 정맥에 잘 자리하고 있는 경우는 병이 거의 없었다. 하지만 무기 맥이나 사맥에 묘를 쓴 경우는 여러 가지 병치레를 했다. 특히 당뇨병 같은 것은 무기 맥이나 사맥에 쓴 경우 나왔다. 무기 맥은 산의 옆 부분에 해당하는 곳이고, 사맥은 맥이 죽어 힘이 없는 것을 말한다.

# 개발된 곳에서는 인물이 나오지 않는다

한국인물이 나오는 터, 안 나오는 터가 정해져 있다. 인물이 나오는 터에서는 계속 인물이 나온다. 맑은 샘물이 나오는 곳에서는 계속 맑은 물이 샘솟는다. 탁한 물이 나오는 곳에서는 계속 탁한 물이 나온다. 풍수 공부를 하다 보면 산골 오지의 차도 다니지 않는 곳에서 태어난 사람이 서울까지 진출해서 성공하는 사례를 종종 보게 된다. 반면 여건이 잘 갖춰진 서울이나 대도시에서 태어난 사람들의 성공 확률이 의외로 적은 것에 놀라게 된다. 오히려 오지 중의 오지에서 태어난 경상도나 전라도 사람들의 진출이 눈에 띄게 많다. 이중환의 『택리지』를 한번 들여다보자.

"한양에서 벼슬을 하다 그만두고 살다 삼남三南, 즉 충청·전라·경상도로 내려간 사람들은 자식은 다시 과거에 합격해 한양으로 올라오지만, 한양에서 머문 사람들은 가세가 기울어 명문가 이름에서 사라져버렸다."

산에서 인물이 나온다는 점에서 이중환의 발언은 핵심을 찌르고 있다. 지금도 마찬가지고 앞으로도 마찬가지다. 서울 근교와 수도권에 자리 잡은 묘를 가진 사람들의 경우 어려운 상황에 빠져 있는 사례를 자주 목격하게 된다. 산이 그곳에 살고 있는 사람들의 성격도 만들어낸다. 산이 안아준 곳의 마을 사람들은 화목하고 안정적이며 협조적이다. 하지만 산이 외면한 마을 사람들의 경우 척박하고 거칠다. 『택리지』를 쓴 이중환은 경상도에 대해서 상당히 후하게 표현했다. 그리고 실제로 경상도의 사람이 정계나 재계 혹은 문화예술계에 진출하는 경우는 독보적이다. 팔도의 인심을 이렇게 적었다.

"평안도는 인심이 순후하기가 첫째이고, 다음은 경상도로 풍속이 진실하다. 함경도는 지역이 오랑캐 땅과 잇닿아있으므로 백성의 기질이 모두 굳세고 사납다. 황해도는 산수가 험해 백성이 사납고 모질다. 강원도는 산골 백성이어서 많이 어리석다. 전라도는 오로지 간사함을 숭상하여 나쁜 데 쉽게 움직인다. 경기도는 도성 밖과 들판 고을 백성들의 재물이 보잘것없고, 충청도는 오로지 세도와 재리만 좇는다. 이것이 팔도 인심의 대략이다."

이것은 서민을 논한 것이고 사대부의 풍속은 또 그렇지 않다고 부연했다. 다시 돌아가서 서울을 중심으로 한 수도권과 대도시에서 태어나 자란 사람들 중 왜 큰 인물이 나오지 않을까. 먼저 대통령부터 살펴보자. 박정희·노태우·전두환 대통령은 경상북도 출신으로 가난한 농부의 자식이다. 김영삼 대통령은 경제적으로 윤택했지만 당시로서는 거제도라는 오지의 섬 출신이다. 김대중 대통령의 경우도 마찬가지로 가난했다. 노무현 대통령은 공부도 제대로 하지 못할 정도로 어려웠다. 이명박 대통령도 마찬가지다. 대다수의 대통령들이 시골 벽지나 오지에서 태어났고, 가난했다.

그런데도 역대 대통령들에게는 한 가지 공통점이 있다. 선산이 있고, 선산의 한 중심에 묘를 썼다. 풍수로 이야기하면 정맥을 탔다고 한다. 예외가 없는 것에 놀란다. 그리고 주산에서 봤을 때 왼쪽 산을 좌청룡이라고 하는데 하나같이 좌청룡이 발달해있다. 좌청룡은 권력과 명예를 주관하는 산으로 힘차고 강한 기운을 발휘한다. 대통령들의 산 모양의 공통점이다.

대통령을 만드는 산이 정말 있는지는 장관 등 정치·경제·문화의 중심인물들을 나열해 놓고 출신지를 적어보면 확인할 수 있다. 어느 지역이 많은지 확연히 드러난다. 우선 대도시에서 태어난 사람과 산간벽지에서 태어난 사람을 조사해보라. 산간벽지가 훨씬 많은 것에 당황할 것이다. 대통령의 대다수가 시골이었듯 한국에서 활동하는 중심인물들의 출생지는 시골이다. 더 정확하게 말하면 산간벽지에 묘를 둔 사람들과 시골 오지에 묘를 둔 경우 누가 성공했는가를 조사해보면 더욱 명료해진다. 수도권의 공원묘지에 묘를 쓴 사람들 중 중추적인 역할을 하는 사람은 드물다. 오래전에 마련된 공동묘지의 경우는 그래도 낫다. 하지만 새로 단장한 공원묘지의 경우는 문제점이 아주 많다.

이유는 이렇다. 서울을 중심으로 한 수도권에 있는 산들이 힘이 있는 산이 적다. 북한산과 관악산에는 묘를 쓸 수가 없고, 경기도권의 산들은 힘이 약하고, 더욱 안타까운 것은 개발되어서 산이 깨졌다. 개발된 곳에 선산을 두면 패가망신한다. 고속도로로 뚝 잘린 곳에 산소를 가진 후손은 망한다. 한두 번 본 것이 아니다. 그것도 3년 안에 망한다.

반대로 시골 오지에 산소를 가진 사람들이 경우 성공하는 이유는 뭘까.

시골 오지에는 산을 자르고 깎아내는 경우가 거의 없다. 본모습 그대로 맑은 기운의 산을 가지고 있다. 동기감응에 대해서는 앞서 설명한 바와 같다. 좋은 산의 기운을 후손들이 그대로 받는다는 것이 풍수의 핵심이다. 개발된 곳에 있는 산소를 가진 후손들은 하나같이 생활이 어렵고 병마에 시달린다. 개발되지 않은 곳에 산소를 가진 사람들의 경우는 산의 기운을 온전히 받아 한결 안정적이다.

예전의 공동묘지에서는 인물이 나도 요즘 신설되고 있는 공원묘지에서는 인물이 나올 수 없다. 인물이 되고 안 되고는 둘째 치고, 치명적인 문제점을 가지고 있어서 가정적으로 어려움을 당하게 된다. 산을 깎고, 깎은 흙으로 골을 메워 썼기 때문에 이미 지기地氣가 깨져 나쁜 영향만을 준다. 공원묘지에 매장을 하느니 화장을 해서 불필요한 화근을 제거하는 것이 좋다. 예전의 공동묘지는 산을 그대로 두고 묘를 썼다. 산이 깨지지 않아 산의 영향을 그대로 받았다. 지금의 공원묘지는 휴게시설이나 편의시설을 잘 갖추어 편리하지만 후손들이 어려움을 당한다. 공원묘지에 들어가려면 화장을 해서 납골묘로 쓰기를 당부드린다. 집안이 한 번에 망하는 것을 피할 수 있다.

풍수를 보는 방법도 마찬가지로 개발된 기구를 이용할 수 있겠지만 현재까지 나와 있는 것들은 믿음을 주지 못하고 풍수를 오히려 어지럽히는 결과를 준다. 패철은 방위를 표시해주는 것으로 풍수에서는 기본적인 도구다. 하지만 패철의 남용은 조심해야 한다. 먼저 산과 물을 보고 사람에게 미치는 영향을 알 수 있어야 한다. 자연의 원리를 기계의 힘으로 보는 것에는 한계가 있다.

집이나 묘를 쓸 때 방위계부터 들이대는 사람을 조심하라. 방위계는 최후에 확인해보는 보조 기구여야 한다. 산의 흐름과 물의 흐름을 파악한 후에 자리를 앉히고 나서 확인해야 하는 것이 방위계다. 아울러 엘로드L-rod로 수맥을 확인하고 기를 측정하는 기계 등으로 풍수를 보겠다는 것은 문제가 있다. 자연 상태에서 기氣에는 일정한 흐름이 있다. 이것을 학문적인 힘으로 찾아내는 법을 익혀야 한다. 풍수가 자연과학이라면 자연의 이치를 깨우치는 학문으로 자리 잡아야 한다. 통계적으로 확인할 수 있고, 실증적으로 현장과 이론이 맞는 것을 증명해야 한다. 수학공식처럼 명확한 원리가 있는데 기계의 힘으로 찾아내는 것에는 오류가 있다. 산을 보고 후손의 운명을 알아내는 움직일 수 없는 흐름을 깨우쳐야 진정한 풍수가라고 할 수 있다. 산소를 보고 지금의 운명이나 미래 예측을 구체적이고 정확하게 맞추지 못하는 풍수가를 믿지 말라.

# 3장

# 한국의 산줄기와 지명

# 한국의 산줄기

한국의 산하를 정리한 지도가 있다. 〈산경표〉다. 산의 줄기와 갈래를 일목요연하게 정리했고 산의 흐름을 사람의 핏줄처럼 흘러가는 것으로 표현함으로써 산과 물을 생명의 근간으로 삼았다는 점이 특징이다. 우리의 국토를 산 중심의 정신으로 체계화하였으며, 산줄기의 분류는 물로 나누었다.

'산자분수령山自分水嶺'

산은 스스로 자신의 가장 높은 봉우리에서 물을 나눈다는 의미인데, 다시 설명하면 산과 산 사이에는 물이 있고, 물과 물 사이에는 산이 있다. 너무나 확연하게 정리되는 원리를 가지고 있다. 한국의 산하를 실제적으로, 그리고 논리적으로 정리한 것이 〈산경표〉다. 산경표는 산줄기의 흐름이다. 한국의 산을 물로 나누었다. 또한 물은 산으로 분리했다.

백두대간은 백두산에서 시작되어 동쪽 해안선을 끼고 남쪽으로 달리

다가 태백산 부근에서 서쪽으로 기울어 남쪽 내륙의 지리산에 이르는, 우리나라 땅의 근골을 이루는 거대한 산줄기의 이름이다. 백두대간은 한강과 낙동강을 분리한다. 또한 금강과 낙동강을 나눈다.

백두대간은 백두산에서 시작하여 금강산·설악산·태백산·소백산을 거쳐 지리산으로 이어지는 큰 산줄기다. 한반도의 산줄기를 대간과 정간, 정맥으로 나타낸 체계를 따라 붙여진 이름이다. 나라 땅의 산줄기는 하나의 대간과 하나의 정간, 그리고 13개의 정맥으로 이루어졌다. 백두산에서 시작되어 여러 갈래로 갈라진 산줄기는 모든 강의 유역을 나눈다. 크게 나누어 동·서 해안으로 흘러드는 강을 양분하는 큰 산줄기를 대간·정간이라 하고, 그로부터 다시 갈라져 하나하나의 강을 경계 짓는 분수 산맥을 정맥이라 하였다.

대간, 정간, 정맥, 기맥, 그리고 지맥은 어떤 기준으로 구분하는가. 대간大幹은 우리나라의 10대 강을 동류東流와 서류西流로 구획하고, 모든 정맥을 가지 치는 기둥 산줄기다. 정점에 백두산이 있어 백두대간이라는 이름을 얻었다. 정간正幹은 백두산의 다른 이름인 장백산에서 이름을 물려받은 장백정간이 유일한데 큰아들 대접을 받았다는 상징적인 의미 외에 달리 특별한 점은 없다.

정맥正脈은 우리나라에서 유역면적이 넓은 순서로 10대 강을 정하고 그것을 나누는 산줄기로서 바다와 만나는 강의 하구가 흐름의 끝이 되어야 한다. 기맥岐脈은 대간 또는 정맥에서 분기하는 산줄기로서 길이가 100km 이상인 것이다. 정맥과 기맥의 구분은 산줄기의 규모나 길이에 따르는 게 아니라 10대 강을 구획하느냐 하지 않느냐에 따른 것이다. 그러므로 기맥은 정맥의 하위 개념이 아니며, 오히려 기맥이 정맥보다 길이나 세력이 큰 경우도 있다. 기맥은 대간에서 분기하기도 하고 정맥에서 분기하기도 한다. 기맥은 원칙적으로 강의 끝으로 향해 가지만 설정 목적에 따라 특정한 곳으로 가기도 한다. 대간, 정맥, 기맥을 제외한 모든 산줄기를 지맥地脈이라 한다.

대간을 이루는 산은 기점인 백두산으로부터 동남쪽으로 허항령, 포태산, 최가령, 백사봉, 두류산 등 2,000m 정도의 높은 산으로 이어져 압록강과 두만강의 유역을 동·서로 가르며, 북동쪽으로는 장백 정간으로 나뉘었다.

서남쪽으로는 후치재, 부전령, 황초령으로 이어져 압록강의 남쪽과 동해로 흘러드는 물로 나뉘며, 다시 남쪽으로 차일봉, 철옹산, 두류산으로 이어져 대동강의 남쪽 정맥인 해서정맥으로 이어진다. 원산 서남쪽으로 이어진 대간은 마식령, 백암산, 추가령으로 연결되어 임진강 북쪽 유역의 경계를 이루었고 한강 북쪽 한북정맥의 출발이다.

동해안을 끼고 국토의 척추로 달려 내려가는 대간은 금강산, 진부령, 설악산, 오대산, 대관령, 두타산, 태백산으로 이어 내려오다 남쪽으로 낙동강의 동쪽 분수 산줄기인 낙동정맥을 만든다. 대간의 본줄기는 내륙으로 들어와 소백, 죽령, 계립령, 이화령, 속리산으로 뻗어내려 한강과 낙동강을 남북으로 삼아 물의 흐름을 나눈다. 이로부터 추풍령, 황학산, 삼도봉, 덕유산, 육십령, 영취산까지 금강의 동쪽 분수산맥을 형성하며 섬진강의 동쪽 분수령인 지리산에서 백두대간이 끝난다.

백두대간은 장백정간과 함께 서쪽으로 해안선까지 골과 들을 이루며 뻗어 내려간 13개의 정맥, 구체적으로 청북정맥·청남정맥·해서정맥·임진북예성남정맥·한북정맥·한남정맥·한남금북정맥·금북정맥·금남정맥·금남호남정맥·호남정맥·낙동정맥·낙남정맥이 근육처럼 연결되고 있다.

산줄기의 이름은 강줄기의 이름에서 얻었다. 산과 물이 서로 나뉘면서 하나로 자연을 이루고, 또한 나누는 역할을 했다. 언어·습관·풍속 등과 의식주의 다름이 산줄기와 물줄기의 가름으로 세분화되어 지역의 특성을 만들었다. 산줄기마다 지역을 구분 짓는 경계선이 되어 부족국가의 영역을 이루었고, 고구려·백제·신라의 국경을 비롯하여 조선 시대의 행정경계를 이루었으며 현대에 이르러서도 각 지방의 분계선이 되었다. 우리 땅을 파악하고 지리를 밝히는 데 있어서 백두대간은 근본이다.

지역마다 산의 특성이 다르다. 산의 특성이 다르니 기질도 다르다. 일찍이 조선 개국공신 정도전이 각 도마다의 기질을 설명한 내용이 있다. 우선 팔도 사람들의 특성을 한 마디로 정리한 평부터 들어본다.


경기도는 경중미인鏡中美人으로 거울 속의 미인처럼 우아하고 단정하다.

평안도는 맹호출림猛虎出林으로 숲 속에서 나온 범처럼 매섭고 사납다.

황해도는 석전경우石田耕牛로 거친 돌 밭을 가는 소처럼 묵묵하고 억세다.

강원도는 암하노불巖下老佛로 큰 바위 아래에 있는 부처님처럼 어질고 인자하다.

충청도는 청풍명월淸風明月로 맑은 바람과 큰 달처럼 부드럽고 고매하다.

전라도는 풍전세류風前細柳는 바람결에 날리는 버드나무처럼 멋을 알고 풍류를 즐긴다.

경상도는 태산준령泰山峻嶺으로 큰 산과 험한 고개처럼 선이 굵고 우직하다.


다른 도에 대해서는 거리낌 없이 평을 하고서는 정작 이성계의 고향이 있는 함경도에 대해서는 평을 하지 않았다. 이성계의 고향은 함흥이었다. 함흥이 속해있는 함경도에 대해서는 말을 하지 않자 이성계는 궁금했다.

"왜 함경도에 대해서는 말을 하지 않는 게요?"

이성계가 정도전에게 재촉했다. 사실 정도전은 조심스러웠다. 권력의 정점에 있는 이성계가 태어난 함흥이 속한 함경도에 대한 평을 망설였다.

"아무 말이라도 좋으니 어서 말해 보시오."

태조 이성계는 재차 재촉했다. 정도전은 머뭇거리며 말했다. 권력의 정점에 있는 왕에게 실수하면 화를 입을 수도 있는 상황이었다. 절대 권력의 지존에게 밉보여서 좋을 게 없었다.

"함경도는 이전투구泥田鬪狗이옵니다."

이성계는 정도전의 말을 듣고는 얼굴이 벌게졌다. 자신의 고향이 있는 도 사람에 대한 평이 다른 도와 달리 좋지 않아 심기가 불편했다. 정도전의 평은 객관적이었다. 함흥은 함경도에서 가장 발달한 도시 중 하나였다. 함경도라는 이름에서도 알 수 있다. 함경도의 함경이란 도 이름은 함흥咸興과

경성鏡城의 머리글자를 합하여 만든 이름이다. 다른 도도 마찬가지다. 크고 의미 있는 도시의 이름의 앞 글자를 따서 이름을 지었다. 경기도는 서울 경京과 왕 터 기畿라고 해서 서울과 왕이 살고 있는 지역이라는 의미가 있다. 다시 설명하면 경京은 왕이 살고 있는 4대문 안을 말하고 기畿는 왕성을 중심으로 사방 5백 리 이내의 땅을 의미한다.

이성계가 지금은 터를 이전해서 한양에 머무르고 정착했지만 엄연히 이성계의 고향은 함경도였다. 아무리 왕이라고 해도 없는 말을 지어서 이야기할 수는 없었다. 하지만 왕의 심기를 불편하게 해서 이로울 것이 없었다. 눈치 빠른 정도전이 이어 말했다.

"그러하오나 함경도는 또한 석전경우石田耕牛이옵니다."

좋은 말을 하나 연결해서 마음을 달랬다. 이성계의 얼굴이 환하게 펴졌다. 돌밭을 가는 우직하고 충직한 소를 비유해서 한 말이었다. 인내심이 강하다는 의미가 담겨있었다. 이전투구라는 말은 진흙탕에서 싸우는 개라는 뜻으로 거칠고 이익에 집중하는 함경도 사람의 성격을 평한 말이다. 진흙에서 싸우는 개를 말하는 이전투구는 그냥 싸우는 것이 아니라 진흙탕에서 싸우니 보기에도 더 거칠어 보이고 체면을 돌보지 않는 모습에서 다른 도와는 달리 나쁜 평이었다. 하지만 석전경우는 돌밭을 가는 우직하고 성실한 소를 상징하니 칭찬이었다. 같은 것을 다르게 표현해야 할 때가 꼭 오기 마련이다. 하지만 정도전이 4자로 조선팔도의 인물평을 한 이면에는 또 다른 반전의 의미가 부여되어 있었다.

경기도 경중미인鏡中美人은 실속이 없다. 충청도 청풍명월淸風明月은 맑은 바람과 밝은 달로 결백하고 온건한 성격을, 전라도 풍전세류風前細柳는 바람 앞에 가는 버드나무를 말하니 부드럽고 영리하지만 변하기도 자주 한다는 의미를 담고 있다. 경상도 송죽대절松竹大節은 소나무와 대나무처럼 겨울이 와도 푸른빛이 변하지 않는 꼿꼿하고 대쪽 같은 절개를 말하고 있다. 강원도에 대한 평은 그리 좋지 않다. 암하노불巖下老佛은 바위 아래에 있는 오래된 부처라고 해서 착하지만 행동력이 떨어지고 진취성이 없다.

도에 대한 또 다른 평이다. 북한 지역에 대한 평은 대체로 거칠고 강한 면을 보여준다. 황해도는 춘파투석春波投石이라고 해서 봄 물결에 돌을 던지면 돌이 어디로 갔는지 확연하게 보이지 않으니 명확하지 못하다는 의미를 담고 있다. 평안도는 산림맹호山林猛虎라 해서 숲속에 있는 용맹스러운 호랑이니 사내다운 기질과 배짱 있는 기개를 표현했다. 함경도는 이전투구泥田鬪狗로 앞서 말한 것처럼 일을 대하는 모습이 악착스럽고 끈질긴 면이 있음을 말해주고 있다. 이전투구와는 다른 면인 돌멩이가 많은 메마른 밭을 힘이 있는 소가 가는 성실함으로 석전경우石田耕牛라고 하기도 했다.

모두 양면성을 같이 가지고 있지만 남쪽의 사람들과 북쪽의 사람들의 평은 구분된다. 북쪽은 남성다운 면의 거친 성격으로 표현된 반면 남쪽은 북쪽보다는 유순하고 여성적이며 학문을 하는 모습으로 표현하고 있다.

산이 기질을 만들고, 성격을 만든다. 대간과 정간, 정맥이 우리나라 하천의 주요 발원지가 되며, 산줄기를 중심으로 국토의 물줄기가 갈라지게 되어 유역 구분의 기본이 되고 있다. 정신적으로는 한반도의 역사가 백두대간 중심의 지맥에 뿌리를 둔다는 역사적 의미도 강하다. 우리는 산을 숭상하는 민족이다. 산에서 태어나고 산으로 돌아간다는 의식을 가지고 있다. 다른 산이 도마다 다른 기질을 만들어내는 엄숙한 자연의 원리가 있다.

# 지방을 나누는 지명
## - 호서 지방으로 불리는 충청도

　우리의 산하를 나누는 기본이 산에서 왔고, 국가를 구분하기 위한 것에서 출발한 것도 있으며, 지역의 상징적인 의미를 가지는 것에 의하여 구분되었다. 먼저 큰 줄기부터 나누어보자.

　백두대간을 기준으로 영동嶺東지방, 영서嶺西지방, 관동關東지방으로 구분된다. 전체 면적의 80%가 산지인 강원도는 넓은 지역에 비해 우리나라에서 가장 적은 사람들이 살고 있는 고장이다. 강원도라는 말은 신라와 고려를 거쳐 조선시대의 대표적인 도시였던 강릉과 원주의 첫 글자를 따서 만든 이름이다.

　우리나라 동쪽에 있는 백두대간은 강원도를 동쪽 지역과 서쪽 지역으로 나누었다. 백두대간을 기준으로 동쪽을 영동 지방, 서쪽을 영서 지방이라고 한다. 강원도 지방을 다른 말로 관동지방이라고 부르기도 하는 것은 백두대간에 있는 고개들 중 서울과 함경남도 원산시를 연결하는 곳에 철령이라는 고개가 있어서다. 철령은 깊고 험한 고개로 요새와도 같은 협곡이기 때문에 군사적으로 중요했다. 그래서 일찍부터 나라에서는 철령관鐵嶺

關을 만들어 방어 요충지로 활용했다. 철령관을 기준으로 북쪽인 함경도를 관북지방, 서쪽인 평안도를 관서지방, 동쪽인 강원도를 관동지방이라고 불렀다.

좀 더 자세히 설명하면 백두대간의 봉우리와 봉우리의 사이에는 진부령, 미시령, 한계령, 대관령 같은 고개들이 많이 있다. 고개들을 기준으로 고성, 속초, 양양, 강릉, 삼척 등 동쪽 지역을 영동지방이라고 부르고, 춘천, 홍천, 횡성, 인제, 원주, 평창, 영월, 정선 등의 서쪽 지역을 영서지방이라고 부른다. 영서지방이란 백두대간의 서쪽으로 경기도 접경지까지를 말한다. 경상도는 지금은 작은 도시지만 고려 시대의 대표적인 도시인 경주와 상주에서 나온 이름이다. 경상도를 영남지방이라고 한다. 영남이란 지명은 경상도에서 서울로 가려면 백두대간의 험한 산줄기를 넘어야 한데에서 왔다. 백두대간의 산줄기에는 죽령, 추풍령, 조령 등 많은 고갯길이 있는데, 경상도에서 서울로 가는 가장 크고 빠른 길은 경상북도 문경과 충청북도 괴산 사이에 있는 조령鳥嶺이었다. 문경새재의 '새재'는 바로 조령鳥嶺의 우리말 표현이다. 조령의 남쪽 지방인 경상도를 고개 이남이란 뜻으로 영남嶺南으로 불렀다.

호남湖南이란 이름은 금강 이남의 전라북도와 전라남도를 가리킨다. 전라도란 말은 고려 시대에 가장 번성한 도시인 전주와 나주에서 따온 말이다. 호남 지방이라고 부르기도 하는데 여기서 호湖는 금강錦江을 말한다. 조선 시대에는 금강을 호수가 많은 강이라는 뜻에서 호강湖江, 혹은 금호錦湖라고 불렀다. 그리고 호강의 남쪽에 있는 땅이라는 의미에서 전라도를 호남

湖南이라고 불렀다. 오늘날 전라도 지역을 주요 연고지로 한 기업인 금호錦湖 그룹의 사명도 이와 무관치 않다.

한편 일기예보를 듣다 보면 한반도의 중심지역인 수도권을 기호 지방이라고 한다. 기호畿湖 지방의 기畿는 경기京畿에서 나온 말이다. 경京은 서울을 의미하고 기畿는 서울에서 500리 거리의 주변 지역으로, 왕이 사는 자리란 의미를 가지고 있다. 과거 서울 사대문 안에는 농경지도 시장도, 땔감 나무를 벨 곳도 없었다. 오늘날 시장의 대표인 남대문 시장은 과거 시장이 없던 한양 성곽 밖에서 발달했던 것이다. 왕실로부터 허가를 받아 거래하는 종로 육의전을 빼고는 시장이 없으니 일반인들은 도성에 들어오기 전 남대문에서 물건을 사는 것이 편리하였다. 경제의 규모가 더욱 발달함에 따라 조선 후기에는 동대문 밖에도 시장이 발달하게 되었다. 아울러 성곽 내에는 땔감을 벨 곳도 없었다. 오늘날 서울 행정구역 중 과거 한양성 밖이었던 곳들 지명에 유독 '목木'이나 '림林' 글자가 많이 들어가는 이유가 바로 한양 도성 밖의 땔감 베는 지역이었던 탓이다. 그러므로 경기京畿는 서울과 인접한 수도권에 해당하는 지역을 말한다.

한편 기호지방이란 말은 경기도의 기畿와 충청도를 가리키는 호湖가 합쳐진 말로, 현재의 서울, 인천, 충청 남·북도 일대를 지칭하는 말이다. 여기서 호湖는 충북 제천의 의림지를 지칭한다. 제천의 의림지는 작지만 삼한시대부터 있었던 저수지로 의미가 크다. 의림지와 의림지의 주변 지역 충청도, 경기도를 일컫는 명칭으로 자리 잡았다. 아울러 충청도를 호서湖西 지방이라고도 한다. 의림지를 기준으로 충청도가 서쪽에 있다고 해서 호서 지방으로 부르게 된 것이다.

# 4장

## 팔도풍수

우리 땅에는 변화와 곡절이 많다. 바다도 또한 변화가 많다. 삼면이 전혀 다른 바다를 가지고 있다. 동해의 깊고 푸른 바다. 남해의 섬과 물살이 빠른 바다. 서해의 갯벌과 조수간만의 차가 큰 바다. 한 나라에 이토록 다른 바다들이 있는 나라는 없을 것이다. 우리의 산하도 마찬가지다. 작지만 알차고 서로 다른 산을 가지고 있다.

수도권에서부터 강원도, 남쪽으로 충청도와 전라도, 그리고 경상도의 산이 모두 다르다. 그만큼 사람의 심성도 다르다. 산의 다름이 사람의 심성의 다름으로 연결되었다. 북한 땅은 밟아보지 못해 짐작만 하지만 남한의 변화만으로도 풍수를 읽어내기에 부족하지 않다.

서울과 경기도부터 살펴보자. 먼저 조선시대 이중환의『택리지』에 적혀 있는 내용에서 시작해 보겠다.『택리지』는 풍수를 다룬 책으로 우리나라 최초다. 다음으로 한국에서 태어난 풍수가로서 직접 체험하고 배운 것을 말하고자 한다.

『택리지』는 실학의 열풍이 우리의 국토와 역사, 문화에 대한 애정으로 이어지던 시기, 우리의 산천과 그곳에서 살아갔던 사람들의 이야기를 담아낸, 인문人文과 지리地理가 결합된 책이다. 저자 이중환은 30대 후반에 유배된 후부터 67세를 일기로 세상을 떠날 때까지 약 30년간 전국을 방랑하면서 보고 느낀 것을 택리지에 담았다. 택리지를 저술한 정확한 연대는 기록되어 있지 않다. 저자 자신이 쓴 발문에 "내가 황산강黃山江가에 있으면서 여름에 아무 할 일이 없어 팔괘정八卦亭에 올라 더위를 식히면서 우연히 논술하였다."라고 기록하고 있다. 그리고 말미에 신미년, 1751년이라고 기록하여 저자가 61세 되던 무렵에 정리한 것임을 알 수 있다.

『팔도총론』 부분에서는 우리 국토의 역사와 지리를 개괄한 다음, 당시의 행정구역인 팔도의 산맥과 물의 흐름을 말하고 관계있는 인물과 사건을 기술하고 있다. 팔도의 서술 순서는 평안도·함경도·황해도·강원도·경상도·전라도·충청도·경기도였다. 아쉽게도 이중환은 전라도와 평안도에는 가 보지 못했다.

강원도에 관한 기록 중에는 "지역이 또한 서울과 멀어서, 예로부터 훌륭하게 된 사람이 적다. 오직 강릉에서는 과거에 오른 사람이 제법 나왔다."라고 했다. 경상도에 관한 항목에서는 "좌도左道는 땅이 메마르고 백성이 가난하여 비록 군색하게 살아도 문학하는 선비가 많다. 우도右道는 땅이 기름지고 백성이 부유하나 호사하기를 좋아하고 게을러서 문학을 힘쓰지 않는 까닭으로 훌륭하게 된 사람이 적다."라고 하였다. 경상도는 낙동강을 기준으로 좌도와 우도를 나누었는데, 특히 이중환은 경상좌도에 대해 호의적이었다. 게다가 예안·안동·순흥·영천·예천 등의 다섯 고을에 대해서는 한반도 최고의 지역으로서 한마디로 신이 알려 준 복된 지역이라는 극찬까지 덧붙였다. 경북 내륙 지역은 "사대부가 가장 많고 모두 퇴계 이황과 서애 유성룡의 문하생의 자손들인데, 의리를 밝히고 도학을 중히 여기는 지역"이라고 했다. 또한 이 지역들은 "아무리 외딴 마을, 쇠잔한 동리라 할지라도 문득 글 읽는 소리가 들리며, 비록 해진 옷을 입고 항아리 창을 한 가난한 집에 살아도 모두 도덕과 성명性命: 천성과 인명을 말하는 고장"이라고 극찬을 아끼지 않았다.

전라도는 땅이 기름지고 서남쪽으로 바다에 임해 있어 생선, 소금, 벼, 명주실, 솜, 모시, 대나무, 귤, 유자 등이 생산된다. 풍속이 노래와 계집을 좋아하고 사치를 즐기며, 사람이 경박하고 간사하여 문학을 대단치 않게 여기는 지역이라고 했다. 대단한 악평이다. 전라도에 대한 극심한 악평은 이중환만 그러했던 것이 아니라 세종, 성호 이익, 다산 정약용, 순암 안정복 등 조선시대 왕과 학자들의 공통된 평가였다. 또한 전라도에서 과거에 올라 훌륭하게 된 사람의 수가 경상도에 미치지 못한 이유도 대개 문학에 힘써 자신을 이름나게 하는 사람이 적은 까닭이라고 덧붙였다. 그저 먹고 놀기를 좋아한다는 평가였다. 유학에 빠져 있던 선비들의 입장에서 문화예술에 대한 몰이해와 폄하가 있음을 볼 수 있다. 지금은 전주를 대표적 예향藝鄕이라 칭송하는 것과 대비되는 평가이다.

충청도에 대해서는 '남쪽의 반은 차령이남車嶺以南에 위치하여 전라도와 가깝고 반은 차령이북車嶺以北에 있어 경기도와 이웃한다. 물산은 영남·호남에 미치지 못하나 산천이 평평하고 예쁘며 서울 남쪽에 가까운 위치여서 사대부들이 모여 산다. 그리고 대대로 서울에 살며 전답과 주택을 마련하여 생활의 근본으로 삼지 않는 집이 없다. 또 서울과 가까워서 풍속에 심한 차이가 없으므로 터를 고르면 가장 살 만하다'며 긍정적으로 평가했다.

# 한국의 길지

인물이 나는 땅을 좋은 땅이라고 한다. 인물이 세상을 지배하고, 생산을 주관하며, 세상을 만들어가기 때문이다. 인물이 어느 곳에서 많이 날까? 그 이유는 무엇일까? 전국의 산수와 지형을 보면서 확인해 보았다. 인물은 나는 곳에서 계속 난다. 반대로 인물이 나오지 않는 곳에서는 계속 인물이 나오지 않는다. 우리 국토의 경우는 도별로 확연히 다른 산의 모습을 가지고 있다.

먼저 조선시대에 전국을 유람하고 풍수에 대한 평을 했던 이중환의 『택리지』에 기록된 살기 좋은 땅과 살기 나쁜 땅에 대한 논리를 확인해 보자. 『팔도총론』 다음에 기술한 『복거총론卜居總論』에서는 사람이 살 만한 곳의 조건을 〈지리地理〉, 〈생리生理〉, 〈인심人心〉, 〈산수山水〉의 네 가지를 들어서 설명하고 있다.

첫째 조건인 〈지리〉는 교통이 발달한 것과 같은 현대적 의미의 지리가 아니라 풍수학적인 지리를 의미한다. "지리를 논하려면 먼저 수구水口를 보고, 다음에는 들판과 산의 형세를, 이어 흙빛과 물의 흐르는 방향과 형세를 본다."라고 기록했다.

둘째로 〈생리生理〉를 살 만한 곳의 조건으로 들었는데, 기름진 땅이 첫째이고, "배와 수레를 이용하여 물자를 교류시킬 수 있는 곳이 다음이다."라고 했다. 기름진 땅으로는 전라도의 남원·구례와 경상도 성주·진주를 제일로 꼽았으며, 특산물로는 진안의 담배, 전주의 생강, 임천과 한산의 모시, 안동과 예안의 왕골을 들었다.

셋째로 〈人心인심〉을 들면서, 팔도의 인심을 서로 비교하여 기록하였다. 특히 이 부분에서는 서민과 사대부 사이의 인심·풍속이 다른 점을 강조하고, 당쟁의 원인과 경과를 비교적 상세히 기록하는 한편 인심이 정상이 아님을 통탄하였다. "오히려 사대부가 없는 곳을 택해 살며 교제를 끊고 제 몸이나 착하게 하면 즐거움이 그중에 있다."라고 한 대목에서도 알 수 있듯이 이중환에게 있어서 집권 사대부의 권위주의는 비판의 대상이 되었다.

넷째로 〈산수山水〉를 들면서 '집 근처에 유람할 만한 산수가 없으면 정서를 함양할 수 없다.'고 하였는데, 이중환은 산수의 경치가 훌륭한 곳으로는 충남의 영동을 으뜸으로 삼았다.

그렇다면 『팔도총론』에서 가장 살기 좋다고 판단한 곳은 어디였을까? 이중환이 선택한 최고의 터전은 다름 아닌 충청도 공주 갑천甲川 주변이었다. 공주의 금강錦江 언저리를 설명하면서 '사송정은 우리 집'이라며 결국 자신의 고향을 최고 살기 좋은 집으로 꼽았다. 사송정은 금강 주변 마을 이름이다. 고향만큼 살기 좋은 터를 만나는 것은 어렵다. 심정적으로 고향은 따뜻하고 아늑하며 인심이 좋은 곳으로 자리 잡고 있기 때문이다.

이처럼 이중환은 『팔도총론』을 통해 우리나라의 인문지리를 설명하고 "사대부는 어떤 곳에서 살아야 하는가?"라는 질문을 던진 후 지리·생리·인심·산수를 분류 기준으로 삼아 품평했으니, 당시 다른 지리서에서 시도한 바 없는 획기적인 내용이다. 아울러 도시와 지역에 대해서도 세밀하게 표현하고 있다. 풍수적인 관점에서는 미흡하지만 우리나라의 국토에 대한 첫 번째 평이라는 점에서 의미를 부여할 수 있다.

　이중환이 우리 국토를 전체적인 관점에서 평했다면, 필자는 풍수 원리와 풍수가 인간에게 어떤 영향을 주는가에 대해 현대적 관점에서 논하려 한다. 이중환의 시대에는 아쉽게도 요즘과 같은 풍수 원리가 확립되지 않았던 것 같다. 그러나 과거는 과거의 평가로 남겨두되, 현재는 이중환의 몇 배나 되게 전국을 답사했고, 풍수로서 관심 있게 살펴본 필자만의 새로운 생각을 정리해 보고자 한다.

　지금은 산의 원리와 그것이 사람에게 미치는 영향을 과학적 근거에 입각해 정리해서, 적어도 『택리지』를 쓸 당시보다는 정확하게 짚어낼 수 있다. 현재의 풍수에는 과학적 판단을 할 수 있는 분명한 변별적 근거가 있다. 바로 산이 전혀 다르다는 점이다. 경기도의 산과 경상도의 산은 전혀 다르고, 경상도의 산은 강원도의 산과 또 다르다. 산의 기운도 형태도 다르다. 힘의 크기도 확연하게 다르다. 바로 이 산의 '다름'을 통해 각 지역 풍수의 '다름'을 읽어내고 사람에게 미치는 서로 '다른' 영향을 파악해 볼 것이다.

# 한국의 지역별 인물 배출

먼저 지역별 산을 평가해 본다. 산은 남자를 말하고, 들판은 여자를 말한다고 했다. 산은 두 가지 형태를 가지고 있다. 우리나라의 경우는 입체형 산과 선형 산이 있다. 입체형 산은 산의 모양이 위로 솟아오른 형태를 말한다. 선형 산은 용이 꿈틀거리며 가는 것처럼 흘러가는 형태를 말한다. 우리나라에서 입체형 산을 가진 곳은 강원도와 경기 일부 지역이다. 입체형 산에서는 인물이 나오지 않는 특성이 있다. 반면 선형 산에서는 인물이 나온다. 입체형 산은 기가 위로 올라가 안온하게 품어 주지 못한다. 선형 산의 대표적인 곳이 경상도다. 다음으로 전라도, 충청도가 선형 산이다. 제주도는 한라산을 기점으로 밖으로 퍼져나가는 모습이어서 사발 모양처럼 안아주지 못하는 아쉬움이 있다. 이처럼 인물도 산에서 나오고, 사람의 운명도 산에서 온다. 산을 보면 사람의 성향을 파악할 수 있고, 한 인물의 성공과 실패도 보인다. 산을 다니면서 터득한 결과다.

먼저 한국의 인물 지형도를 살펴보자. 어느 지역에서 인물이 나오는가에 대하여 거칠게나마 살펴보면, 대부분 경상도와 전라도 충청도 순으로 나온다. 이유는 간단하다. 산이 인물을 만들기 때문이다.

일단 국무총리를 배출한 지역을 살펴보았다. 현재 우리나라의 국무총리는 44대로, 여러 내각에서 총리를 지낸 4명을 제외하면 40명이다. 중임한 국무총리는 장면·백두진·김종필·고건이다. 경기도가 8명으로 의외로 많다. 물론 선거에 의한 치열한 경쟁을 통해서 만들어진 인물이 아니라는 한계가 뚜렷이 있다. 또한 국무총리의 조상 묘의 위치를 정확하게 파악할 수 없다는 점도 무시할 수 없다. 건국 당시의 인물 중에는 연고 지역이 서울로 파악되는 경우가 많았다. 이는 거주지가 서울이라는 것을 염두에 두었을 뿐, 부모의 묘가 어느 지역인지는 파악하지 못한 경우 경기도로 했기 때문이며, 따라서 실제보다 경기도의 숫자가 늘어날 수밖에 없었다. 다음으로 경상도가 9명으로 가장 많고, 충청도가 6명, 전라도가 5명을 배출했다. 특이한 점은 충청도 6명 중에서 충청북도에서 태어난 인물은 한 명도 없었다. 같은 충청도지만 충청북도와 충청남도의 산은 분명 다르다. 강원도는 2명을 유지해 겨우 체면을 살렸다. 제주도는 없다. 국무총리의 경우는 대통령이 지명하고, 정치적인 영향을 받아 상황에 따라 결정되는 경우가 많으므로 전체적인 흐름을 파악하는 수준에서 이해하면 된다.

한편 경쟁 체제가 유지되는 곳에서 인물의 지형도는 산세에 더 많이 좌우된다. 살아남지 못하면 죽어야 하는 치열한 곳이 기업의 세계다. 성공하지 않으면 망한다. 따라서 우리나라 기업의 경우를 살펴보면 산의 풍수적 영향력이 보다 극명하게 드러난다.

일단 우리나라 30대 재벌을 조사했다. 삼성, 현대, LG같이 창업자가 한 사람인 경우, 즉 같은 계열의 재벌인 경우 제외했다. 공기업과 중복 계열을 제외하니 14개 재벌이 남았다. 이 중 창업자가 이북 출신인 경우가 3곳이었다. 현대의 정주영을 비롯한 OCI와 영풍이 이북 출신이었다. OCI는 동양제철화학에서 사명을 변경하였다. 남한 출신의 창업주를 찾아본 결과 놀라운 결과가 나왔다. SK를 제외하고 모두 삼남지방이었다. 삼남은 충청도·전라도·경상도를 말한다. 더구나 경상도의 경우 6개 재벌의 창업주가 탄생한 지역이었고, 전라도가 3곳, 충청도가 1곳이었다. 강원도와 제주도는 없었다. 이 사실들이 무엇을 말하고 있는가?

저자가 남한 팔도를 직접 돌아다니며 체험할 때의 조건은 이중환이 『택리지』를 쓸 때와 사뭇 다르다. 조선시대에는 교통의 불편으로 돌아보기도 어려웠고, 기술적인 면도 발달하지 못해 산을 보는 방법도 육안 외에는 달리 없었다. 지금은 항공촬영을 비롯해 못 가는 곳이 드물 만큼 오지까지도 살펴볼 수가 있다. 많은 정보와 지식이 현장을 보는 것처럼 확실하고 또한 가 보지 못할 곳이 없어서 보다 명확한 판정을 할 수 있다. 이중환은 당시의 사정으로 평안도와 전라도·제주도를 직접 가 보지 못했다. 하지만 필자는 한 달에도 남한 지역은 몇 번씩 간다. 전라도·경상도의 오지를 비롯하여 강원도의 깊은 산골까지 자주 오고, 가고, 본다. 이처럼 답사의 조건과 상황에 차이가 있지만, 필자와 이중환의 판단 사이에는 바로 다음과 같은 공통점이 있다.

이중환은 한양에서 벼슬을 하다 그만두고 살다 삼남三南, 즉 충청도·전라도·경상도로 내려간 사람들은 자식들이 다시 한양으로 벼슬을 해서 올라오지만, 한양에서 머문 사람들은 가세가 기울어 명문가 이름에서 사라져 버렸다고 했다. 아주 중요하고 핵심을 찌르는 말이다. 지금도 마찬가지고 앞으로도 마찬가지다. 산에서 인물이 나오기 때문이다.

아울러 이중환의 『택리지』에는 고려 때의 인물이 나오는 상황을 적어놓은 것도 눈에 띈다. 우리나라의 지도를 놓고 서북쪽에서는 무신武臣이 많고, 동남 방향에서는 문사文士가 많았다고 적고 있다. 이것도 풍수적으로 풀어보면 답이 나온다. 산이 높으면 위용威容을 주장하고, 산이 낮으면 화목和睦을 주장한다. 높은 산에 음택이나 양택을 쓰는 사람은 무신다운 성격을 가지고 있다. 반면 산이 낮고 안정된 곳에 음택이나 양택을 짓고 살면 사람이 부드러워진다. 무신인 장군의 묘는 상당 부분 높은 곳에 쓰여 있으며, 문신들의 묘는 낮은 곳에 있다. 산이 사람의 성격을 대변해주고 있는 현장을 자주 확인한다.

앞서도 서술했지만, 인물이 나오는 산을 보면 뚜렷한 공통점을 가지고 있다. 산을 보면 인물의 정도를 알 수 있다. 그것을 제대로 읽어주면 인물이 나오는 곳과 개인적으로는 집안의 내력을 고스란히 이야기할 수 있다. 성공한 집안과 실패한 집안, 집안의 안정과 집안끼리의 싸움 같은 것을 확인할 수 있다. 인물도 산의 크기와 모양 그리고 안정됨을 보고 평가하게 된다.

다시 본론으로 돌아와, 기업인 다음으로 정치인을 이야기해보자.

대통령은 어디에서 나오는가? 지존을 뽑는 것이 대통령이다. 한 명만을 선출해야 하므로 무엇보다 경쟁이 치열하다. 지금까지 우리나라 대통령은

11명이다. 11명 중 경상도 출신 대통령이 7명이다. 박정희, 전두환, 노태우, 김영삼, 노무현, 이명박, 박근혜 대통령으로 계보를 형성하며 우파적 대통령이나 좌파적 대통령을 가리지 않고 경상도 출신이 압도적이다. 어떻게 이런 일이 가능할까. 산은 말해주고 있다. 이상한 현상이 아니라 당연한 현상이다. 재벌가 창업자의 출신지로 경상도가 절대다수를 차지하고, 다음으로 전라도와 충청도가 차지했듯이, 앞으로도 이른바 삼남지방이라는 곳의 득세가 지속될 것이다. 이유는 간단하다. 산의 힘이 강하고 기가 순정하기 때문이다. 지금의 상황도 비슷하다.

먼저 경상도부터 살펴본다. 현재의 정치지형도를 봐도 그대로다. 대통령 후보군을 나열해보면 거의 경상도 지역이 절대 우세다. 경상도 후보군으로 문재인, 안철수, 이재명, 유승민, 김무성 등이다. 전라도 사람으로는 내세울 만한 인물이 없다. 충청도 사람으로는 반기문 후보가 나섰다가 사퇴했다. 그리고는 안희정 후보가 있다. 경기도에서는 남경필 후보와 고양의 최성 후보도 있지만 지명도가 현저하게 떨어진다. 특이한 것은 전라도에 지지기반을 둔 사람들의 경우도 경상도 사람들이라는 점이다.

경상도

이중환은『택리지』에서 가장 뛰어난 곳을 경상도로 쳤다. 풍수를 하는 사람이라면 누구나 경상도에서 한눈에 파악할 수 있는 것이 산의 크기다. 다른 곳에서 볼 수 없는 산의 위용과 기세에 놀라게 된다. 그 힘이 그대로 드러나는 곳이 경상도다. 이중환은 '지리가 가장 아름다운 경상도'라고 했다. 산의 크기로는 강원도가 압도적이지만 풍수적으로 경상도의 산과 강원도의 산은 전혀 다르다. 강원도의 산은 설악산이나 금강산처럼 위로 솟아오른 모양을 하고 있다. 입체형 산이라고 해서 기가 흩어지는 형태이다. 반면 경상도의 산은 사뭇 다르다. 둥글고 부드러우면서도 용이 꿈틀대며 이동하는 듯 살아있는 기운을 느끼게 한다. 산이 안으로 감아주는 형태로 기가 모여서 사람에게 이로운 기운을 주는 모습을 가지고 있다.

고려시대부터 이중환 생존 당시의 조선까지를 계산하면 천 년의 세월인데, 경상도에서 장상將相, 공경公卿과 문장과 덕행이 있는 선비와 공을 세웠거나 절의를 지킨 사람, 선·불·도교에 통한 사람이 많이 나와서 경상도를 인재의 광이라 한다고 했다. 인재가 나오는 창고라는 말이다. 경상도에 대한 이중환의 평가는 후하다 못해 넘쳐난다. 국정을 잡은 자들이 모두 경상도 사람이고, 문묘에 종사된 사현四賢 또한 경상도 사람이라고 했다. 사현四賢은 퇴계退溪 이황李滉, 회재晦齋 이언적李彦迪, 한강寒岡 정구鄭逑, 일두一蠹 정여창鄭汝昌을 말한다. 이 지역은 풍습으로도 옛날 선배가 남긴 전통이 지금까지 없어지지 않아 예의와 문학을 숭상하며 지금도 예전과 같이 과거시험에 많이 합격하기로 여러 지방에서 으뜸이라고 적고 있다.

그러면서도 좌도와 우도의 평가는 좀 다른 면이 있다. 좌도와 우도는 낙동강을 축으로 삼아 경상도를 나눈 별칭이다. 『택리지』에 따르면 좌도는 땅이 메마르고 백성이 가난하여 비록 군색하게 살지만 문학하는 선비가 많다고 했고, 우도는 땅이 기름지고 백성이 부유하나 호사하기를 좋아하고 게을러서 문학에 힘쓰지 않아 훌륭하게 되는 사람이 적다고 했다. 구체적으로 지명을 예시하면서 대단한 자리를 말했다. 살기 좋고 인물이 나는 곳으로 예안·안동·순흥·영천·예천을 들었다. 예안은 이황의 고향이고, 안동은 유성룡의 고향이다. 예안·안동·순흥·영천·예천에는 사대부가 가장 많으며 모두 이황과 유성룡의 문하생들이라고 했다. 의리를 밝히고 도학을 중히 여겨서 비록 외딴 마을이나 쇠잔한 동리라도 문득 글 읽는 소리가 들린다고 적고 있다.

상주에 대해서도 자세히 적고 있다. 경상도는 경주와 상주의 앞 자를 따서 지은 이름이다. 조선시대의 지방 행정단위는 규모에 따라 목牧·부府·군郡·현縣으로 나뉜다. 상주는 이 중 가장 큰 지방 단위인 목牧에 해당되어

목사牧使가 파견되던 제법 위상이 높은 도시였다. 오늘날로 따지면 광역시급이다. 상주는 조령 밑에 있는 하나의 큰 도회지로서 산이 웅장하고 들이 넓다. 이중환은 상주의 이와 같은 위상을 충청·경기와 통하고, 동東으로는 낙동강을 끼었으며 김해·동래와 통해서 운반하는 말과 짐 실은 배가 남쪽과 북쪽에서 육로로 모여들어 무역에 편리하기 때문이라고 했다. 상주에는 부유한 사람이 많고 또한 이름난 높은 벼슬을 지낸 사람도 많다고 했다.

선산善山은 산천이 상주보다 더욱 깨끗하고 밝다. 전해오는 말이라고 전제하면서 "조선 인재의 반은 영남에 있고, 영남 인재의 반은 일선一善에 있다."고 하면서 이유를 예부터 문학하는 선비가 많기 때문이라고 했다. 여기서 일선一善은 선산을 말한다. 선산의 대표적인 산이 금오산이다.

아울러 성주와 고령·합천을 좋은 곳으로 지목해서 설명을 붙였다. 논이 영남에서 가장 기름져 작은 종자로도 많이 수확한다며 고향에 뿌리박은 사람은 넉넉하게 살며 떠돌아다니는 사람이 없다고 했다. 특히 성주는 산천이 수려하고 고려 때부터 이름난 사람과 선비가 많았다고 적고 있다.

진주는 지리산 동쪽에 있는 큰 고을로 장수와 정승이 될 만한 인재가 많이 태어났다. 땅이 기름지고 또 강과 산의 경치가 좋았다. 사대부는 넉넉한 살림을 자랑하고, 제택第宅과 정자 꾸미기를 좋아하여 비록 벼슬을 하지 못하더라도 한가하게 즐기는 공자라는 명칭이 있다고 적었다.

의령과 초계도 진주와 비슷하다고 했다.

경상도 전체를 평할 때에는 앞에서 언급했지만 다시 부연하면서 좌도에는 벼슬한 집이 많고, 우도에는 부자가 많으며 간간히 천 년이나 된 유명한 마을이 있다고 적었다.

산의 모양이 지역 특성에만 영향을 끼치는 게 아니라 인물도 결정한다. 경상도의 인물 성격은 리더십이 강하며 개인은 조직 내에서 활동하는 성격을 지니고 있다. 개인적으로는 다혈질로 추진력이 강하다. 장군·검사·재벌이 나오는 터이며 정치가와 경제인이 나올 수 있는 터가 경상도의 산세다. 그런데 남북으로 다소 차이가 있다. 경상남도는 산세가 거칠고 변화가 많으며 경상북도는 산세가 부드럽고 힘이 있어 양반마을이다. 철학과 논리가 발달하며 지도력이 있다. 자기주체적인 성격으로 추진력과 지도력이 뛰어나다. 개인으로서의 돌파보다는 조직의 힘을 이용해 전략적으로 추진하려는 의도가 강하다. 산세가 응집력이 있어 결속이 잘 된다. 언뜻 보면 경상도 사람이 말이 적고 무뚝뚝하다고 하는데, 표현이 거칠 뿐이지 자기주장이 강하고 말이 많은 편이다. 할 말을 다 하고 속마음을 그대로 다 표현한다. 경상도 사람은 성격적으로 지도자로서의 자질을 가지고 있다. 또한 자기주장이 강하다. 좋고 싫은 표현이 명확하다. 하지만 조직의 결정에 따르면서 개인적인 행동을 절제하는 모습을 보인다. 산이 포용하는 모습을 보이기 때문이다. 경상도의 특성은 한마디로 하면 조직에 순응하고 조직으로 세력화하는 특성이 있다.

경북에서는 선산·구미·고성이 인물이 나오기 좋고, 경남에서는 특히 고성·의령·창녕·선산 등이 산세가 강하고 인물이 배출되는 지역이다. 영상사領相砂가 많다. 정치하는 사람들을 배출하는 토체土體와 일자문성一字文

土이 발달해 있고, 이에 따라 제정구·제정호 등 재야인물도 있었으며 국회의 장을 비롯해 대통령까지 연이어 배출된 지역이다. 경북에서는 박정희·전두환·노태우·박근혜 대통령이 나왔고, 경상남도에서는 김영삼·노무현·문재인 대통령이 나왔다.

전라도

　전라도에 대한 이중환의 평은 부정적이다. 하지만 이중환은 전라도에 직접 방문한 적이 없다. 차령이남車嶺以南의 물은 모두 산세와 어울리지 않고 엇갈리게 흐르니, 이곳 사람을 등용하지 말라는 고려 태조 왕건의 말을 인용하면서, 고려 중엽에 이르러서 가끔 재상의 지위에 오른 사람도 있었으나 드물다고 했다.

　고려를 탄생시킨 왕건의 〈훈요십조訓要十條〉에 나오는 말이다. 차령산맥 이남이나 공주강 외곽 출신은 반란의 염려가 있으므로 벼슬을 주지 말라 했다. 차령이란 차현車峴으로 공주와 천안 사이에 있는 차령車嶺을 이른다고 보는 설과, 충북 음성과 경기도 안성 사이의 차현을 이르는 설이 양립해 있다. 또한 공주강 바깥은 어디인가 하는 것도 문제다. 공주강은 금강의 다른 이름이 아니라 금강의 공주 구간으로 보기도 한다. 차령이남車嶺以南과 공주강 바깥의 산형 지세가 배역해 있고 인심 또한 그러하니, 그 아랫녘의 군민이 조정에 참여해 왕후·국척國戚과 혼인을 맺고 정권을 잡으면 혹 나라를 어지럽히거나, 통합의 원한을 품고 반역을 감행할 것이라는 우려를 보여준다. 그런데 차령 이남이라고 하면 국토의 상당 부분을 말하기 때문에 문제점 또한 상당히 생기게 된다. 아직도 차령 이남과 공주강 밖이라는 정확한 장소가 나오지 않았다.

이중환의『택리지』를 좀 더 살펴본다. 전라도에서 모악산 서쪽에 있는 금구와 만경 두 고을은 샘물이 제법 맑다. 살기를 벗은 산세가 들 가운데를 굽이쳐 돌고, 두 가닥 물이 감싸듯 하여 정기가 풀어지지 않아 살 만한 곳이 제법 많다. 산과 가까운 태인과 고부와 바다에 가까운 부안, 무장 등의 고을은 모두 풍토병이 있다. 오직 변산의 옆과 덕장지德長池 아래는 땅도 기름지고, 호수와 산의 경치가 좋다. 나주는 노령 아래에 있는 한 도회인데 북쪽에는 금성산이 있고, 남쪽으로는 영산강이 닿아있다. 고을 관아의 판세가 한양과 흡사하여 예로부터 높은 벼슬을 지낸 사람이 많다. 임실에서 구례까지 강을 따라 내려오면서 이름난 곳과 훌륭한 경치가 많다. 큰 마을이 많은데 그중에서 구만촌은 시냇가에 위치하여 강산 토지와 거룻배를 통해 얻는 생선·소금의 이익이 있어 가장 잘 살 만한 곳이다.

이중환은 전라도를 일컬어 풍속이 노래와 계집을 좋아하고 사치를 즐기며, 사람이 경박하고 간사하여 문학을 대단치 않게 여겨 과거에 올라 훌륭하게 된 사람의 수가 경상도에 미치지 못한다 하였다. 그런데 지금의 관점에서 보면 이러한 습성은 풍류와 낭만을 가진 것으로 바꾸어 말할 수 있다. 그러나 여주驪州 이씨로서 성호 이익과 한 집안이며, 비록 크게 출세하지는 못했으나 이익의 가르침을 받아 유가적 가풍 속에서 성장한 이중환의 시선으로 봤을 때는 이러한 전라도의 풍류가 어지러운 풍속으로 보일 수도 있었다. 확실히 전라도 사람들은 다른 도와 달리 친화력이 있고, 친절하다. 여행하다 보면 알게 되지만 정이 많고 배타적인 면이 적다. 이중환이 말한 것처럼 소위 놀기 좋아하는 면도 보인다. 과거에는 이 점이 어떻게 비춰졌을지 몰라도 지역 문화와 관광이 중요하게 된 지금으로 보면 더없이 권장해야 할 덕목이라고 할 수 있다.

경상도가 이황이나 유성룡 같은 학자가 나오는 땅이라면 전라도는 예향의 고장이다. 윤선도·윤두서나 진도 운림산방의 허련과 같은 문화·예술에 관련된 인물의 고장이 전라도다. 소리 하면 전라도다. 소리를 하는 조선의 인물들이 전라도에서 나왔고, 특히 진도에서는 소리 자랑하지 말라할 정도다.

한편 기질적 차원에서 볼 때, 전라도 사람은 개인적인 주장이 강하다. 경상도의 자기주장과는 다르다. 경상도는 전체와 조직 속에서의 개인 주장이라면, 전라도는 독단적인 개인의 주장이 강하다. 같은 다혈질이라도 전라도의 다혈질이 개인 특성이 강한 다혈질이라면 경상도는 전체 속에서의 조화를 생각하는 다혈질이다. 다시 말하면 경상도는 전체 속에서 개인의 주장을 하지만, 전라도는 개인 능력을 우선으로 하고 개인의 가치관에 의지해서 자기주장을 한다. 조직보다 자신의 주장을 더 강하게 표현하는 특성이 있다. 이러한 특성은 정치판으로 이어져 야권의 주도세력을 차지하고 개인 능력이 뛰어난 인물이 태어난다. 산의 모양에도 산과 산이 강력하게 결속되기보다는 독립적으로 발달하는 특성을 가지고 있다. 영상사가 많은 이유도 여기에 있다. 때문에 전라도의 산은 경상도의 산과 모양은 비숫하나 산세가 약하다. 우선 눈에 띄게 드러나는 차이는 경상도의 산보다 체형이 작고 독립적이라는 점이다. 따라서 전라도 사람의 성격 또한 개인적이고 독립적이며 자기주장이 조직에 앞서는 면을 보여준다.

한편 뛰어난 머리를 가지고 있어 검사·판사·공무원 등 시험으로 성공할 수 있는 것들에 강하다. 성격이 부드러우며 정이 많아 예술가적인 면을 발전시킨 곳이기도 하다. 또한 유배지의 자손들이라 한이 많다. 감성적이고 타협이나 합리적인 면에서는 떨어진다. 전라도는 예로부터 푸대접을 받았다. 역모의 땅이라는 오명을 달고 살았다. 광주의 기세가 그렇다. 무등산의 모양이 그러한 면을 상징적으로 보여준다. 광주의 무등산은 이름에 비하여 산세는 약하지만 도전적인 산이다. 독봉과 영상사가 발달해 있다. 그래서 전라남도의 기질은 개인과 개인이 만나 세력화 하는 특성이 있다. 경상도가 조직, 즉 전체 속에서 개인으로서의 세력화라면 전라도는 개별적인 모임으로서 세력화를 모색한다.

백두대간에서 흘러내려온 산줄기가 영취산에서 금남호남정맥으로 나뉘는데 금남정맥과 호남정맥이 유정하게 품에 안듯이 둥글게 감싸 지를 못하고 무정하게 뻗어간 바깥에 무등산이 위치하고 있어 전라도는 더욱 오명을 뒤집어써 왔다. 요즘으로 표현하면 체제 안에 머무르기보다 체제 밖에서 도전하는 모습을 보이는 것이라고 할 수 있다. 좋게 말하면 변화와 혁신을 꾀하는 것이라 새로운 혁명의 주역이 될 가능성을 가지고 있다.

전라도에서는 고흥·순천 지역이 인물이 나오기 좋은 산세를 가지고 있다. 현재까지 대통령이 한 명도 배출되지 않은 지역이다. 인물은 조상의 선영이 묻힌 곳의 영향에 의하여 나온다고 보는 것이 풍수의 기본이다. 김대중 대통령은 전라도 출신이지만 선영을 출생지인 하의도에서 경기도 용인으로 옮겼다. 풍수적으로는 김대중 대통령을 만든 곳은 '죽어 용인'이라고 하는 경기도 용인 땅이다.

경상도가 굳건한 철학과 사상의 땅이라면 전라도는 풍류와 낭만의 땅이라고 할 수 있다. 경상도의 산세는 기본적으로 안정적이고 보수적인 성향을 지니고 있다. 반면 전라도는 낭만과 풍류가 넘치는 인간적인 풍모와 개인적인 향유를 덕목으로 삼는다. 개인적으로 능력이 강한 면은 같이 가지고 있으나 경상도는 조직으로, 전라도는 개인으로 추진하는 성격이 강하다.

경상도 출신이면서 전라도에 지지기반을 가지고 있는 사람들의 경우를 보면 두드러진다. 노무현부터 문재인, 안철수, 박원순 같은 인물은 분명 경상도 출신이다. 하지만 전라도의 지지기반을 이용하고 있다. 전라도의 특성을 그대로 보여주고 있는 면이다. 전라도는 개인 특성으로 세상에 도전하는 면이 강한 반면 경상도는 조직으로 세상을 향해 도전한다. 김대중 대통령처럼 전라도는 개인적으로 뛰어난 것을 주장하는 경향이 강해 조직을 기반으로 삼는 정치적인 면에서 약한 모습을 보여주고 있다. 경상도 쪽의 인물들은 대중적인 인기와 더불어 조직의 안정성을 함께 들고 나오는 경향이 두드러진다. 개인의 독보적이 면이 강한 것이 전라도가 정치적 경쟁에서 밀리는 원인이다. 전라도와 경상도는 이처럼 기질적으로 다르다. 경상도가 안정적인 보수라면 전라도는 기질적으로 진취적이고 변화를 끌어내는 진보성이 강하다.

충청도

　물산은 영남 호남에 미치지 못하나 산천이 평평하고 아름다우며 서울에 가까운 남쪽에 있어 사대부들이 모여 사는 곳이 충청이다. 이중환은 터를 고르면 가장 살 만하다고 하며 충청도를 비교적 긍정적으로 봤다. 그중 직산은 들이 여기저기에 흩어져 있고, 땅도 메마르고, 좀도둑이 많아 살 만한 곳이 못된다고 하면서 충청도에서는 내포를 가장 좋은 곳으로 꼽았다. 내포는 가야산 앞뒤에 있는 열 고을이라고 했다. 땅이 기름지고 평평하며 생선과 소금이 매우 흔하므로 부자가 많고, 여러 대를 이어 사는 사대부집이 많다고 했다. 또한 다른 길지로는 보령을 들었다. 산천이 가장 훌륭하고 호수와 산의 경치가 아름답게 트여서 명승지라고 했다.

　부여는 강에 다다르면 암벽이 기이하고 경치가 매우 훌륭하다. 또 땅이 기름져 부유한 자가 많다. 도읍터로는 판국이 비좁아 평양이나 경주보다 못하다고 했다. 옥천은 산천이 조촐하고 깨끗하며 흙빛이 맑아 한양 동교와 같다. 들이 매우 메말라 논의 수확이 적고, 주민들은 오직 목화 심는 것을 업으로 삼고 있다. 땅이 목화 가꾸기에 가장 알맞다. 그러나 예로부터 문학하는 선비가 많이 나왔다. 특히 충주와 청풍에 대한 평이 좋았다. 사대부들이 여기에 살 곳을 정했고 사대부의 정각亭閣이 많았다고 적고 있다. 한 고을에 과거에 오른 사람이 많기로는 팔도 여러 고을 중 첫째여서 이름난 도회라고 부르기에 족하다 했다. 목계는 생선배와 소금배가 정박하고 외상거래도 하는 곳이다. 동해의 생선과 영남 산골의 화물이 여기에 집산되므로 주민은 모두 사고팔고 하는 일에 종사하여 부유하다. 목계 북쪽 10리 지점에는 내창촌內倉村이 있는데 천 년 동안 이름난 마을이다. 산중에 들판이 트여서 바람이 조용하고 땅이 매우 넓어 여러 대를 사는 사대부들이 많다. 제천은 고을 사면이 산으로 둘러싸여 있다. 안으로 들이 열려 있고, 산이 낮아서 훤하고 명랑하다. 여러 대를 이어 사는 사대부들이 많다. 그러나 지대가 높아서 바람이 차고, 땅이 메말라 목화가 없으며 부자는 적고, 가난한 사람들이 많다. 이중환의 충청도에 대한 개략적인 평이다.

충청도는 충신이 많은 곳이다. 김좌진, 유관순, 이봉창, 윤봉길 같은 애국자가 많이 나오는 지역이다. 사람의 체격은 다른 지역보다 왜소하고 얼굴은 갸름하다. 외유내강형이다. 속마음을 안 드러낸다. 매복형이라고 할 수 있다. 관망하면서 전체를 파악한 후에야 자신의 마음을 표현한다. 충청도 사람에게 상황을 설명하고 의사를 말할 것을 요구하면 '알았슈'라고 대답하는 것을 흔히 본다. '알았슈' 하면 일반적으로 다른 도 사람들은 내 의견을 받아들인다는 표현으로 안다. 하지만 충청도 사람에게 알았다는 말은 당신이 이야기하고자 하는 마음을 알았다는 의미다. 그만큼 자신의 속마음을 드러내지 않는다. 충청도 사람을 고문하면 이를 악물고 참아낸다.

속마음을 드러내지 않고 참아내는 안중근, 유관순 등 열사와 애국자가 많은 지역이다. 충남은 산세가 부드러우면서도 강하다. 한국적인 상황에서 캐스팅 보트, 즉 결정권을 가진 곳이 충남이다. 성격상 자신을 드러내지 않고 관망하면서 전라도와 경상도의 경쟁을 관망한다. 유리한 곳을 선택할 수 있는 결정권이 있다. 뚝심이 있지 않으면 발휘될 수 없는 성격이다.

예산·아산·서산·청양·부여 등이 길지다. 청주와 신탄진은 산이 부드러워 중소기업형 인물이 나오는 땅이다. 충청도는 큰 산이 적다. 계룡산·대둔산 등이 큰 산으로 산세도 북도와 남도가 다르다. 충청남도는 전라도의 산세와 유사하다. 논산·금산은 전라도 산세를 닮아 기질도 전라북도와 유사하다. 충청북도는 전라도보다 산이 입체형을 띄고 있어 풍수적으로 부족하다고 할 수 있다. 때문에 안정적이지 않으며 자기주장이 뚜렷하고 개인적인 취향이 강하다. 자기 주도적이기보다는 상황에 따른 주장으로 개인적인 차원에 머무를 수 있다. 산이 출렁거린다. 산은 자로 재거나 컴퍼스로 원을 그린 듯이 깨끗해야 하는데 산이 출렁거린다고 하면 굴곡이 심한 것을 말한다. 물결이 출렁거리듯이 변화가 많고 산의 크기가 작은 데다가 산세가 깨끗하지 못해 결점이 많다. 이런 산세는 상황에 따라 변화할 수 있다. 대천의 산세도 거칠다. 정치나 큰일을 할 때의 주도적인 강함이 아니라 개인적인 취향에 의한 자기주장, 고집이 세다. 하여 큰 인물이 나오기 어려운 곳이 충북이라고 할 수 있다. 그러나 중소상공인은 배출할 수 있는 산세를 가지고 있다. 특히 상황에 따라 변화하는 것을 장점화하면 장사에 유리할 수도 있다. 예컨대 강경은 장사가 발달할 수 있는 곳이다.

충남은 전라도와 경상도를 합한 지리라고 할 수 있다. 전체적으로는 단합이 안 되고 흩어지는 형세다. 충북은 경기도와 전라도를 합한 모양이다. 경기도 지세를 닮아 약하고 산에 기복이 심하다. 충남은 충북보다 산세가 유려하고 부드러우면서도 강하고, 충청도에서도 인물 나거나 살기 좋은 곳으로는 충남이 우세하다. 반기문·이인제·정청래·이해찬·안희정·김종필·정진석 같은 정치적인 인물이 활동하고 있다.

충청도의 기질은 개인으로는 양보심이 많은 합리적인 성격이다. 튀지 않고 바라보는 성향이다. 자신의 의사표현을 잘 하지 않는다. 산세가 크면서도 강하지 않고 굴곡이 적으며 편안한 영향을 받아 남하고 부딪히는 것을 꺼려한다. 물에 물 탄 듯, 술에 술 탄 듯 드러내지 않는다. 아쉬운 점이라면 정치·경제적 인물이 적게 나오고 도전정신이 떨어지는 것이다. 충주는 남한강 줄기로 입체형 산이 많다. 뭉치기 어렵다. 산이 입체형이라 기를 안아주지 않기 때문이다. 도전 정신이 떨어지는 만큼 경쟁심도 다소 부족하다.

경기도

　경기도에 대해서는 한양과 그에 이웃하고 있는 마을들을 소개하고 있는데 생각보다 칭찬에 인색하다. 조선 건국의 중심지인 한양이 들어서 있는 곳임에도 여타 지역의 평에 못 미친다. 양주·포천·가평은 동교東郊이고 고양·적성·파주·교하는 서교西郊인데 양 교郊는 모두 땅이 메마르고 백성이 가난하여 살 만한 곳이 못 된다고 했다. 사대부 집이 가난해져 세도를 잃은 다음, 삼남으로 내려간 사람은 집안을 그대로 보전하게 되는데 양 교郊로 나간 사람은 한두 세대를 내려오면 신분마저 낮아지게 되어, 낮은 벼슬이나 하거나 평민이 되어 버린 사람이 많다고 했다. 다시 말하면 벼슬을 하다 경기 일원에 대대로 머물러 사는 사람은 점점 신분이 낮아지고 생활이 어려워지는데 반해, 삼남 지방인 충청도·전라도·경상도로 내려가 사는 사람은 다시 과거에 급제하고 벼슬을 해서 성공하는 것을 볼 수 있다는 말이다.

　중요하고 의미 있는 발언이다. 경기도는 조선 500년과 대한민국 정부의 중심지로 아직도 굳건하게 자리를 지키고 있다. 정치는 물론 경제·문화·예술의 중심지다. 한국의 대표적 인물들이 살고 있는 곳이다. 서울에서 오래 살수록 성공해야 하는 것이 당연한 귀결로 보인다. 하지만 현실은 조선 시대부터 현재까지 부정적이다. 무슨 사연이 있을 것이다. 그렇지 않고서 야 중심된 도시이고, 중심된 인물들이 살아서 당연히 성공 확률이 높아야 하는데 반대의 현상을 보이고 있다는 점이다. 결과는 원인에 의하여 만들 어진다. 원인 없는 결과가 있을 수 없다.

풍수적으로 볼 때 경기도에는 산세가 약하고 깨어진 산이 많다. 산의 힘 에서 경상도와 전라도 그리고 충청권에 밀린다. 삼남의 산세와 경기도의 산세는 사뭇 다르다. 경기도는 산이라고 해야 할지 들이라고 해야 할지 분 간하기 어려운 구릉지로 이루어져 있다. 고양시와 교하 일대는 평야로 산 이 드물다. 수원이나 평택·성환 쪽으로 내려가도 산도 아니고 들도 아닌 지형이다. 넓고 넓은 들판에 사는 사람들이 들판의 주인일 것으로 생각하 지만 사실 주인은 허허벌판이 아니라 산에 산다. 조사해 보면 바로 알게 된다. 재벌이나 부자들이 태어난 곳은 산골이다. 권력자가 태어난 곳도 산 골이다. 평야지대에서 인물 난 적이 드물다. 과거에도 그랬고, 앞으로도 이러한 현상은 계속될 것이다.

경기도 땅에는 인물이 드물지만 더러 예외가 있다. 산이 있는 곳이다. 산도 입체형 모양의 산에서는 인물이 나지 않는다. 입체형 산은 산이 촛불처럼 위로 올라가는 모양으로 생겨 기가 위로 솟구치는 산이다. 서울에서는 대표 적인 것이 북한산과 관악산이다. 관악산은 화산火山이라고 한다. 불이 타 는 모양처럼 작은 봉오리들이 솟아있다. 풍수적으로 좋은 산이 아니다. 일 산으로 넘어오면 교하·운정 지구를 포함해서 고봉산 정도가 남아있고 낮은 산들은 안정적이지 않으며 오히려 깨져있다. 산의 힘을 빌리기 어렵고 양택지, 즉 주거지역으로 살 수 있는 곳이라 인물이 나지 않는다.

이처럼 산이 깨지면 질서가 없어지고 의리가 없다. 지도자가 나오기 어려운 곳이다. 주요 신도시 중에서 주택지로 좋은 곳은 광교·하남·위례다. 수도권에 인접한 교통의 요충지이기도 하지만 10만 명 이상 모여 살 수 있는 국세局勢를 가지고 있고, 산세가 안정되며 힘이 있다. 안정적으로 발달하고 갈수록 자신의 입지를 다지는 도시가 될 것이다. 반면 송도는 메운 땅이라 지기地氣가 흩어져 유행처럼 스쳐가는 도시다. 겉멋만 내는 졸부와 젊은 세대들이 잠시 머물다 떠나는 땅이다. 문화 생성과 토착화가 어려우며 인물도 나오지 않는다.

경기남부는 산이 유하고 체형이 작다. 큰 산이 드물고 산은 깨졌다. 경기남도라고 할 수 있는 수원·화성·이천·여주·안성·안양의 산세가 비슷하다. 그래도 그나마 이곳들이 경기도에서 인물이 나오는 땅이다.

경기북도는 강원도의 산세를 가지고 있다. 가평·양평·청평 같은 곳은 입체형 산을 가지고 있어서 인물이 나오지 않는다. 기가 뭉쳐지지 않기 때문이다. 그나마 포천·양평·의정부·파주는 산이 있는 곳으로 인물이 나온다. 그러나 고양·교하 같은 곳에서는 인물이 나오기 어렵다. 평지에서 인물이 나오지 않는다고 했다. 풍수에서 산은 남자를, 들은 여자를 말한다. 경기도는 여자들의 땅이다. 산이 약하고 기가 부족하다. 큰 인물이 나오기 어렵다.

# 강원도

　이중환은 강원도에 대해서 인물보다 경치를 더 많이 이야기했다. '경치가 나라 안에서 참으로 제일'이라고 했다. 강원도 사람들은 노는 것을 좋아하여 노인들이 기악妓樂과 술, 고기를 싣고 호수와 산 사이에서 흥겹게 놀며, 큰일로 여긴다. 노는 것이 버릇이 되어 문학에 힘쓴 사람이 적다. 지역이 또한 멀어 예부터 훌륭하게 된 사람이 적다. 오직 강릉에서만 과거에 오른 사람이 제법 나왔다. 흡곡·통천·고성·간성·양양·강릉·삼척·울진은 모두 주민이 바닷가에서 고기 잡고 미역을 따며 소금 굽는 것을 생업으로 했다. 땅은 비록 거칠지라도 부유한 집안이 많다. 다만 서쪽이 고개가 높아 이역異域과도 같으므로 한때 유람하기는 좋지만 오래 살 곳은 아니라고 했다.

　서쪽이 높다는 것은 백두대간을 말한다. 정선의 여량촌은 양쪽 언덕이 제법 넓고, 언덕 위에는 긴 소나무와 흰모래가 맑은 물결을 가리고 비친다. 참으로 은자가 살 만한 곳이다. 다만 농사지을 땅이 없는 것이 아쉽지만 백성들은 모두 자급자족한다.

춘천에 대해서는 인물이 나는 땅으로 적고 있다. 토질이 단단하고 기후가 고요하며 강과 산이 밝고 훤한 데다가 땅이 기름져서 여러 대를 사는 사대부가 많다. 원주에 대해서는 더 호의적이다. 원주는 강원 감사가 있는 곳이다. 경기도와 영남 사이에 위치해 동해로부터 수운하는 생선·소금·인삼, 그리고 관곽棺槨과 궁중에 소용되는 재목 따위가 모여들어 도회가 되었다. 두메와 가까워 난리가 나면 숨어 피하기 쉽고, 서울과 가까워 세상이 평안하면 벼슬길에 나갈 수 있는 까닭에 한양 사대부들이 이곳에서 살기를 좋아한다.

강원도의 산은 입체형으로 기가 위로 올라가 감아주거나 응집하지 않아 흩어지고 만다. 산이 높고 골이 깊다. 개인적으로 생활력이 강하며, 인내하고 참는 것도 잘하지만 추진력이 부족하다. 강원도 사람들의 인내심은 경상도·전라도 사람의 인내심과는 다른 종류의 것이다. 경상도와 전라도의 인내심이 목적 달성을 위한 추진력이라면 강원도의 인내심은 생존하기 위한 생활인으로서의 인내심이다. 우리나라에서 가장 안정적이고 현실적인 성격의 소유자들이다. 한마디로 말하면 착하다. 남에게서 이득을 구하려 하지 않는다. 온유하고 어지며 순수한 마음의 소유자들이다. 상대적으로 경쟁하려 들지 않고 안주하려 하는 경향이 있다. 남의 힘을 빌리지도 조직의 힘으로 강력하게 추진하지도 않는다. 타고난 내 힘으로 살아가려는 강인함이 있다. 밭을 일구고 산에서 채집을 해서 근근이 살아가려는 생활인들이다. 개인적인 생업에 열중하고 조직과 전체 속에서의 융합을 그리 달갑게 여기지 않는다. 강원도는 산이 입체형의 전형으로 거칠고 경사가 심하며 사람을 품어 안아주는 산이 드물다. 또 독봉, 영상사, 일자 문성 같은 상서로운 산도 없다. 전형적인 개인의 힘으로 살아가는 의지의 한국인들이다. 그나마 안정적으로 인물이 나오는 곳으로는 강릉·춘천·원주다.

 제주도

전라도를 방문해 보지 못한 이중환은 당연히 제주도도 방문하지 못했다. 제주도 사람의 특성을 조선시대의 관점에서 바라볼 수 있는 기회를 놓쳤다는 점에서 아쉽다. 제주도를 이루고 있는 산은 한라산 하나다. 하나의 산이 독보적으로 중심에 자리 잡고 있다. 전체적으로 하나의 큰 산이 솟아 있고 용암이 흘러내려 생긴 작은 오름들이 자리 잡고 있다. 한라산이나 오름들이 하나의 줄기를 이루어 움직이는 것이 아니라 독립적으로 하나씩 솟아 있는 형국이다. 일종의 독봉이라고 할 수 있다. 길게 띠를 이루어 바람을 막아 주며 기의 흐름을 주도하는 산이 아니다. 유정하게 끌어안아 주고, 어머니의 품처럼 따뜻하게 보듬어 주는 역할을 하는 산이 없으니 바람이 불어오면 바람을 다 맞아야 한다. 바람을 피할 길이 없다는 것은 풍수에서 좋지 못한 것으로 평한다. 바람을 가두어 주고 물을 얻을 수 있는 장풍득수藏風得水라고 하는 풍수의 기본에서 어긋난다. 그래서 바닷바람으로 대표되는 곳이 제주다. 바람을 막아 줄 곳이 없으니 땅도 척박하고 의지할 곳이 없다. 산물이 적고 농사를 지을 땅 또한 적다. 땅 또한 피토皮土·진토

眞土·혈토穴土가 형성되지 않은 토양으로 농사에 도움을 주지 못한다.

한라산은 분산형 산으로 남성성이 부족하다. 산의 바람을 막아 주고 기를 품어 안아 응집력이 강하면 남성이 강해지고, 반대로 산이 바람을 막아 주는 것이 없는 평지의 경우에는 여성성이 더 강해진다. 앞서 말한 바와 같이 산은 남성을 말하고, 들은 여성을 말한다. 제주도에서는 남성보다는 여성의 생활력이 강하다. 남성성이 부족한 모습을 보이는 것이 제주다.

아울러 이런 입체·분산형 산 때문에 제주도에서는 오히려 타지 사람이 득세한다. 여행지로는 더없이 아름답고 즐길 만한 곳이지만 터를 잡고 살기에는 어려움이 있다. 때문에 제주에 살자면 환경에 적응하는 강하고 질긴 생명력을 타고날 수밖에 없다. 척박함을 극복하고 바람 부는 환경 속에서도 적응하며 사는 강인함은 제주인이 환경으로부터 물려받은 또 다른 능력이기도 하다.

5장

역사적 인물 풍수와 자연원리

# 부자를 만드는 산, 정치가를 만드는 산

부자를 만드는 산도 따로 있다. 그렇다면 당연하게 가난하게 만드는 산도 따로 있다. 부자를 만드는 산은 하나같이 공통점을 가지고 있다.

우선 주산에서 바라봤을 때 오른쪽 산우백호이 주산을 감싸고 있어야 한다. 다음으로 안산이 막아 주어야 가능하다. 여기에 물이 감아주고 부봉富峯이 있으면 더욱 확실하게 거부가 된다. 명당이 없는 것은 아니지만 명당에 산소를 쓰기란 쉽지 않다. 하지만 풍수에 관심이 있는 재벌이라면 거액을 들여서라도 명당을 찾아서 쓴다. 돈과 공력이 필요하다. 우선 좋은 산을 만나려면 좋은 자리를 찾아야 한다. 좋은 산을 찾으려면 능력 있는 풍수가를 만나야 가능한데, 그게 쉽지 않다.

그러나 풍수가의 능력을 파악할 수 있는 방법이 있다. 자신만이 아는 산소의 감정을 요청하면 쉽게 확인할 수 있다. 집안 내력을 알고 있는 산에 가서 산소 감정을 요청하면 능력을 한 번에 확인할 수 있다. 좋은 자리인지 나쁜 자리인지 어떤 운명을 살 것인지를 정확하게 짚어내면 틀림없다. 산소 감정을 못 하면서 어떻게 새로운 명당자리를 찾을 수 있겠는가. 산소를 보고 감정할 수 있고, 살아온 운명을 확인하고 산소의 흐름을 그려낼 수 있어야 진정한 풍수가다.

풍수가 과학이라면 과학적 근거가 있어야 한다. 적어도 논리적으로 설명이 가능해야 한다. 산에서 운명이 온다면 어떤 운명이 진행되는가를 산소마다 파악할 수 있어야 능력 있는 풍수가다. 부자 터는 같은 모양을 가지고 있다. 우백호가 없는 집터나 묏자리에서 절대 부자가 나오지 않는다.

끝으로 권력에 집중하는 사람들을 보자. 정치가다. 권력 행사를 하는 사람들이다. 정치가의 관심은 한결같다. 권력을 잡는 것이 목표다. 사업가와 정치가는 근본적으로 다르다. 사업가의 목표는 돈이다. 정치인이 돈을 필요로 하는 것은 권력을 잡기 위한 도구이기 때문이다. 사업가는 개인의 이익을 위해 출발해서 기업이 확장되면서 공익을 위한 길로 방향을 돌리지만, 정치가는 다르다. 공익을 위해 자신의 역할을 찾아 나서다가 권력을 쥐면 사욕에 빠진다. 권력을 잡고 나면 돈을 찾는다. 사업가와 정치가는 근원적으로 기질이 다른 사람들이다.

정치가의 산은 사업가와는 반대로 왼쪽이 발달해 있고 크다. 그리고 안산이 역시 잘 받쳐주어야 한다. 안산이 앞을 막아 기를 가둬 주는 역할을 하는 산을 가지고 있다. 예외가 없다. 군수 이상의 산소는 공통적으로 왼쪽 산, 즉 청룡이 감싸주고 있다. 정치가는 세상을 바꾸겠다는 야망을 가진 사람들이다. 가정이나 기업을 넘어서 국가나 사회적인 변화를 이루어 내겠다는 사람들이다. 모두 청룡이 강한 산을 가지고 있다. 이처럼 기업가를 만드는 산과 정치가를 만드는 산이 다르다.

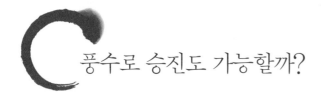

# 풍수로 승진도 가능할까?

은행장을 두 번이나 하고 은퇴한 사람이 있었다. 풍수실험을 제안했다. 두 번이나 행장을 한 것도 성공했다고 할 수 있었다. 이장을 할 경우 다시 행장을 하거나 승진해서 일을 계속할 수 있느냐는 물음이었다. 제안은 받았지만 가능할지는 알 수 없었다. 분명한 것은 선조 묘에 의해서 운명이 결정된다고 하는 것이 풍수의 원리라는 점이다. 부모 묘의 영향을 자손들이 그대로 받고 산다는 것을 보여주는 것이 풍수였다.

성공한 사람들의 선조 묘는 확실히 공통적인 모습을 지니고 있다. 예외가 없다. 반면 실패한 사람들의 선조 묘도 역시 같은 모습을 하고 있었다. 명확한 대비 설명이 가능하다.

먼저 성공한 사람들의 선조 묘에서 공통점을 찾아보자.

우선 산을 보는 방법부터 대략 설명해 두겠다. 시신이 묻히는 장소를 혈장이나 명당이라 한다. 흔히 산소가 있는 장소를 말하는데, 산소가 있는 산을 주산이라고 한다. 주인이 묻힌 산이라는 의미다. 산소를 보는 방법은 우선 산의 이름과 위상을 정하는 데에서 시작된다. 높은 곳에서 아래를 바라보는 방향으로 산의 이름이 정해진다. 산소가 있는 산을 주산이라 하고, 왼쪽에 있는 산을 청룡이라 하며, 오른쪽에 있는 산은 백호라고 한다. 끝으로 앞에 있는 산을 안산이라고 한다. 주산에서 바라봤을 때 청룡과 백호 그리고 안산이 주산을 향하여 안아주듯이 있는 곳을 최고의 명당이라고 한다. 흔히 길지라고 하는 곳이다. 쉽게 설명하면 바구니나 사발처럼 중심을 향하여 동그랗게 안아 주는 모습이 좋은 터라고 한다.

좋은 터에 조상 묘가 자리 잡고 있으면 후손들에게도 좋은 영향이 간다고 믿는 것이 풍수다. 적어도 군수 이상을 지낸 후손의 경우는 조상의 묘에 왼쪽 산, 즉 청룡이 반드시 있으며, 주산을 향하여 안으로 굽어진 형태이다. 예외가 없다. 그리고 부자라고 하는 재벌의 경우는 오른쪽 산, 즉 백호가 주산을 향하여 감아 주고 있다. 아울러 안산이 안정되게 자리 잡고 있다. 풍수에서 청룡은 남성을 상징하고, 명예와 권력을 주관하는 산으로 본다. 백호는 여성을 상징하고 부, 즉 경제적인 것을 주관하는 산으로 본다. 안산은 대인관계를 말해 주며, 안산이 있어야 안정되고 오래도록 부와 명예가 유지된다고 보는 것이 풍수의 기본이다.

방법을 알면 실행하면 된다. 주산이 안정되고 힘이 있으며, 좌청룡과 우백호는 주산을 향하여 감아 주고 안산이 반듯하게 있는 산을 찾아 이장하면 소망을 이루거나 발복할 수 있다는 결론이 나온다. 실제로 가능할까. 결과는 실행을 해야 알 수 있는 상황이었다.

행장을 역임한 분이 풍수이야기를 듣고는 되물었다.

"이장을 하면 계속 일을 할 수 있습니까?"

조금은 당황했으나 잠시 생각하다 대답했다.

"가능합니다."

나 자신도 실제로 이러한 것을 실험한 경우는 없었다. 하지만 현장에서 많은 풍수 사례를 거치면서 확신이 선 것이 있었다. 운명이 산에서 나오는 것을 확인했고, 한 사람의 살아온 세월을 들으면 그 조상의 산을 그릴 수 있었다. 수십 년의 경험적 통계를 믿어보기로 했다. 하지만 통계는 귀납적 경험의 축적이었고, 실제로 결과를 예측하며 실험을 해 본 적은 없었기 때문에 두려움도 있었다.

이장은 쉬운 일이 아니다. 혼자서 결정할 수 있는 것도 아니다. 더구나 기독교를 믿는 사람이 가족 내에 있는 경우는 반대가 심했다. 그리고 형제간의 의견다툼이 있을 수 있고, 증조부 대의 묘로 올라가면 더 복잡하게 상황이 전개되어 어렵게 된다. 사촌과 육촌 간까지 동의해야 가능한 일이다. 이장은 담대한 배짱이 없는 사람의 경우 실행하기 어렵다.

행장은 계속 일할 수 있다는 답에 이장을 결심했다. 물론 여기에는 자신의 일도 중요했지만 풍수에 대한 신임이 있어 좋은 영향이 자식들에게도 있을 것을 알고 있기에 가능한 일이었다. 주산이 안정되고 좌청룡 우백호가 주산을 향하여 안아 주는 곳을 찾아 나섰다. 명당을 찾는 것은 쉬운 일이 아니었다. 찾기도 어렵지만 그 땅을 사는 것은 더 어려운 일이다. 좋은 땅을 가진 사람은 땅을 팔지 않는다. 경제적으로 문제가 없는 사람이 아닌 다음에야 일면식도 없는 사람이 찾아와서 산을 팔라고 하면 팔 사람이 어디 있겠는가. 쉽지 않은 일이다.

명당을 찾아 나섰고, 명당을 찾았다. 산을 사는 것은 행장의 일이었다. 시세보다 비싸게 사는 것은 기본이고, 팔려 내놓지 않은 땅을 살 수 있는 것이 문제였다. 행장은 결단력이 있는 사람이었다. 강력하게 추진해서 기어이 산을 샀다. 이제는 기존 산소를 이장하는 일만 남았다. 풍수실험이 성공으로 이어질지는 아무도 모르는 상황이었다. 은근히 긴장되었다. 이장을 했다. 이제는 결과만 남았다. 행장을 두 번이나 한 사람이 다시 일을 할 수 있느냐는 문제가 기다리고 있었다.

한 달이 지나고 두 달이 지났다. 소식이 없었다. 사실 행장을 두 번이나 했으면 은퇴를 하고 쉬어도 무방할 나이였다. 어찌 보면 욕심이라고 할 수 있었다. 짧은 시간에 풍수로 인생이 바뀌는 것이 가능한가에 대한 실험으로 행장과 같은 배를 탔으나 결과가 없으면 싱겁게 끝나고 마는 상황이었다. 확신에 찬 목소리로 가능하다고 선언했지만, 그래도 결과를 기다리는 수험생의 마음이었다. 석 달이 되어갔다. 애써 태연한 척했지만 내심 관심이 가 있는 것은 어쩔 수 없었다. 전화가 왔다. 행장이었다.

"다시 일하게 됐어요!"

행장의 목소리는 흥분되어 있었다. 행장보다 한 단계 위인 부회장으로 승진했다는 소식이었다.

# 6장

산은 보는 방향에 따라 다른 모양을 가지고 있다

# 사찰과 명당

경기도 양주에 회암사지가 있다. 왕궁의 구조를 그대로 적용했다. 권력과 재원이 뒷받침되지 않으면 지어질 수 없는 사찰의 규모다. 옛 영화를 짐작게 한다. 회암사가 사라지고 회암사지만 남아있다. 인근에는 같은 이름인 회암사가 들어서 있다.

회암사의 역사를 잇는 지금의 회암사가 회암사지 뒤쪽, 천보산을 배경으로 서 있다. 그런데 옛 회암사는 여러 면에서 여주 고달사와 닮았다. 두 사찰은 모두 한때 승려와 신도 수천 명이 머물 만큼 번성했다가, 조선후기에 갑자기 몰락해 사라졌다.

풍수로 볼 때 회암사는 천보산을 주산으로 하고 터를 잡았다. 하지만 천보산은 돌이 많고 거친 산이어서 풍수적으로 부족함이 많다. 터를 넓게 잡아 평지처럼 보이지만 토체와 일자문성—字文星도 완전하지 않다. 더욱이 뒤쪽으로 풍수에서는 좋지 않게 보는 규봉이 보여 옛 회암사 역시 늘 넘보며 해하려는 세력이 있었다고 봐야 한다. 그나마 회암사가 고달사보다 나은 것은, 절을 만들고 중창하고 지원하는 데 큰 역할을 했던 승려 지공과 나옹, 그리고 무학대사의 사리를 모신 부도가 천보산의 맥을 타고 좋은 곳에 자리해 있다는 점이다. 회암사지가 늦게나마 발굴이 되고 박물관까지 세워지면서 다시 빛을 보고 있는 것과, 회암사지 뒤쪽에 다시 세워진 지금의 회암사가 점점 번창하고 있는 것도 그로부터 힘을 얻은 것으로 보인다. 학문과 깨달음이 깊은 당대의 고승들은 풍수지리에도 능한 것으로 알려져 있지만, 실제로 찾아가 둘러본 사찰들의 터가 모두 명당에 자리를 잡은 것은 아니었다.

이번에는 안성의 청룡사로 가 본다. 안성시 서운면에 자리한 유서 깊은 사찰 청룡사는 지금도 많은 신도들의 발길이 이어지고 있는 경기 남부지역의 명찰이다. 고려 원종 6년 창건되었고 나옹에 의해 크게 중창될 때 하늘에서 꽃비가 내리고 서기가 가득한 가운데 청룡이 나타나 오르내려 청룡사라 고쳐 부르게 되었다는 이야기가 전한다.

신도들로 북적이는 청룡사를 찾아가 주변을 둘러보니, 웬만한 명당에서는 쉽게 찾을 수 있었던 청룡이나 백호가 거의 없어 의외였다. 청룡과 백호는 터의 좌우를 감싸 돌며 나쁜 기운이 들어오고 좋은 기운이 빠져나가는 것을 막아준다. 때문에 청룡과 백호가 좋은 터는 아늑하고 평온하다. 청룡과 백호까지 잘 감아 돌면 명당 중의 명당이 되었을 터다. 하지만 청룡·백호가 없는 대신 주변에 좋은 산들이 많아 좋은 기운을 끊임없이 전해 주고 있다. 더구나 좋은 산들이 겹쳐지거나 출렁이지 않고 각각의 봉우리들이 하나씩 독립적으로 아름다워 풍수적으로 더 좋다.

청룡사 대웅전 앞에서 둘러보니 왼쪽 뒤와 오른쪽 앞에 토체가 줄지어서 있다. 멀리 앞쪽에는 뾰족한 모양의 문필봉이 서 있다. 영상사領相砂와 부봉富峰들도 여럿 서 있다. 덕분에 청룡사는 옛날부터 큰 어려움을 겪지 않고 풍족함을 누려 왔다. 천대받던 안성 남사당패를 겨울마다 거둬들여 따뜻하게 돌봤던 것도 풍족함 덕이다. 흉하거나 거칠게 생긴 산이 없이 부드럽고 풍족한 모양의 산들로 둘러싸인 청룡사는 산의 모양을 그대로 닮아 따뜻한 인정을 베풀게 된 절이다.

이번에는 같은 안성에 칠장사를 둘러본다. 칠장사는 신라 때 자장율사가 창건했다고 전해지는 유서 깊은 고찰로, 많은 이야기가 전해지는 안성 지역의 명소다. 안성 죽산면에 자리한 칠장사는 경내에 들어서는 순간 묵직하고 안정된 느낌을 준다. 신도들로 북적이는 청룡사와는 사뭇 다른 분위기다. 칠장사와 칠현산의 이름 유래가 담긴 혜소 국사 이야기를 비롯해, 병해 대사가 이곳에서 임꺽정에게 무술과 글을 가르친 이야기, 어사 박문수가 이곳에서 기도를 한 후 장원급제를 했다는 이야기 등 책 한 권을 엮어도 될 만큼 많은 이야기들이 전해 내려오는 사찰이다. 특히 어사 박문수 이야기 때문에 입시 때마다 많은 학부모들이 찾아오는 곳이다.

칠장사는 규모가 그리 크지 않으나 풍수적으로 명당의 요건을 잘 갖추고 있다. 주산인 칠현산 자락이 팔을 뻗어 좌청룡·우백호를 이루고 있는데, 일부러 깎아 놓은 듯 적당한 높이로 사찰을 품어 안으며 곳곳에서 영상사와 토체와 일자문성을 이루고 있다. 특히 멀리 앞쪽으로 그린 듯 삼각형으로 솟아 있는 영상사는 감탄할 만큼 일품이다. 명당에 오밀조밀 들어앉은 대웅전과 법당들은 더할 나위 없이 푸근하고 안정된 느낌을 준다. 전국의 사찰 중에서도 칠장사는 올 때마다 감탄을 하게 한다.

한편 풍수로 볼 때 좌우의 균형이 맞지 않아 아쉬움을 남긴 이천 설봉산 영월암도 있다. 설봉산에는 유서 깊은 사찰인 영월암映月庵이 자리해 있다. 영월암은 신라 문무왕 때 의상이 창건했다는 사찰이다. 대웅전 뒤쪽으로 온화하게 서 있는 영월암 마애여래입상이 오랜 역사를 대변하는 듯하다. 하지만 대웅전은 설봉산의 동편 산비탈에 마애여래입상이 서 있는 작은 언덕을 뒤로하고 남쪽을 바라보며 서 있다. 대부분의 명당이 주산을 뒤로 놓고 탁 트인 앞쪽을 바라보는 것과 달리 주산을 오른쪽으로 두고 돌려 앉은 모양새다. 때문에 오른쪽 위로 솟은 설봉산의 주봉 희망봉이 커다란 백호를 이루고 있고, 왼쪽은 청룡이 제대로 이뤄지지 않은 채 내리막 비탈이 되었다. 풍수적으로 볼 때 균형이 맞지 않는 형국이다. 청룡은 명예를 상징하는데, 그것이 제대로 이뤄지지 못했으니 오랜 역사를 지니고 있다고 해도 이름을 떨치기 어려울 수밖에 없는 절이다. 아쉬움이 남는 암자다.

아쉬움을 하나만 더 풀어내 보자. 하남 동사지 오층석탑과 삼층석탑이 있는 동사지桐寺址다. 하남시에서는 한때 손꼽히던 사찰이었다. 지금은 흔적만 남았다. 고려 초기에 창건된 동사는 넓은 터에 옛 영화를 짐작케 하는 유물들이 일부 남아 있어 지금도 국가사적으로 지정돼 있고 같은 이름을 가진 작은 절도 자리해 있다. 절 마당에 놓여있는 커다란 초석들로 짐작할 때 옛 동사는 금당의 규모가 경주 황룡사 못지않았을 것으로 보인다. 절터는 북쪽을 바라보고 있지만, 뒤쪽으로 주산이 우뚝 서 지켜 주고 있고 좌우로 청룡과 백호가 잘 감싸고 있다. 주춧돌을 보니 중심 건물이 딱 좋은 자리에 서 있다. 가운데 커다란 제단이나 부처님을 모셨던 대좌로 보이는 8각형 구조물이 있는데 풍수를 잘 따져 자리를 잡았다.

하지만 동사 절터를 둘러보는 동안 아늑함이나 편안함보다는 어수선함이 느껴졌다. 그럴 수밖에 없었다. 사찰의 바로 앞에 고속도로가 지나고 커다란 송전탑까지 서 있는데다가, 한쪽 옆으로는 고철 처리장까지 있어 좋은 기운이 사방으로 흩어질 수밖에 없는 상황이었다. 아무리 풍수적으로 좋은 곳이라도 길을 내면서 산을 허물고 산에 송전탑 같은 커다란 구조물을 세우면 의미가 없어지는 법이다. 자연이 만든 좋은 땅을 사람이 망가뜨린 셈이다.

# 되는 식당은 모두 백호가 좋다

　같은 지역에 비슷한 식당들이 줄줄이 늘어서 있는데, 어느 집은 손님이 줄을 잇고 다른 집들은 장사가 안 돼 허덕이는 모습은 어디서나 쉽게 찾아볼 수 있다. 주차장에 차들이 미어터지게 서 있는 식당들을 눈여겨보면 알게 된다. 무엇이 다를까. 풍수에서는 돈을 벌게 해주는 산으로 부봉富峰을 꼽는다.

　밥그릇을 엎어 놓은 것처럼 둥글게 솟은 산이다. 손님들이 끊이지 않는다는 남양주의 순두부집, 여주의 막국수집, 광주의 한식집, 가평의 매운탕집 등은 하나같이 부봉을 끼고 있다. 누구는 곡식을 쌓아 놓은 모양이라고도 하고, 누구는 어머니의 가슴 같다고도 하는 부봉은 보기만 해도 마음이 푸근해지는 산이다.

　풍수에서 재물과 연결되는 또 하나로 누차 이야기하는 백호를 꼽는다. 배산임수를 지킨 곳에 백호가 오른쪽으로 감아 돌면 재물이 들어온다. 여주의 유명한 천서리막국수집은 백호가 좋기로 손꼽히는 곳이다. 뒤에서 시작한 나지막한 언덕자락이 식당 오른쪽을 돌아 바로 앞까지 뻗어 나왔다.

남양주의 순두부집은 큰길가에 있는데도 주변의 여느 식당들처럼 도로를 바라보지 않고 출입문을 옆쪽으로 냈다. 길옆으로 불쑥 솟은 언덕이 길과 나란하게 산자락을 펼쳤는데, 그렇게 돌려 앉으면서 배산임수를 지키고 오른쪽으로 백호를 두게 됐다.

한때 잘나가던 식당이 갑자기 어려워진 곳도 있었다. 새로 난 큰 길이 식당 뒤를 비스듬히 지나면서 백호를 가르고 주산에서 내려오는 기운을 끊었다. 거짓말처럼 그 많던 손님들이 사라졌다. 잘되는 집, 안 되는 집은 이유가 있었다. 풍수는 무섭고도 큰 원리다.

흥망성쇠에는 반드시 이유가 있는 법이다. 자연의 기운과 조화를 이루면 편안하고 복이 들어오는 것을 보았으며, 무지와 욕심으로 자연을 거스르면 어려움이 닥친다. 좋은 집터, 좋은 묏자리에 서면 한겨울에도 푸근하고 마음이 가라앉는다. 반면 자연을 무너뜨리거나 자연의 흐름에 거슬러 개발한 곳은 서둘러 떠나고 싶어진다.

잠시도 머물고 싶지 않은 곳은 나쁜 기운이 흐르거나 기가 빠져나가기 때문이다. 그런 곳에 자리를 잡고 살거나 조상을 모신다면 몸과 마음이 편치 않은 것이 당연하다. 풍수에 전념하면서 전국을 돌아다니며 골짜기에 지어진 건물, 산비탈을 깎아 짓고 있는 전원주택단지들도 수없이 보았다. 그중 적지 않은 곳들은 공사조차 마치지 못한 채 콘크리트 뼈대만 남은 건물로 버려지거나, 축대만 잔뜩 쌓아 놓고 집을 짓지 못해 썰렁한 모습이다. 건물을 지어서는 안 되는 땅에 건물을 지었으니, 결국 욕심이 화를 자초한 셈이다. 풍수를 무시해 안타까운 실패, 안타까운 질병, 안타까운 싸움이 일어난다. 풍수를 국민 모두 배워 어려움을 줄일 수 있었으면 좋겠다.

# 7장

개
발
시
대
의 풍
수

 홀로 선 건물

'마천루의 저주The skyscraper curse'라는 설이 있다. 고층건물 중에서도 홀로 우뚝 선 건물은 성공하기 쉽지 않다. 큰 산에 낙락장송처럼 독보적으로 선 건축물의 경우 혼자 바람을 맞는 형세다. 우리의 경우 대한생명의 63빌딩이 여의도에서 혼자 바람을 견디다 부도를 맞고 말았다. 주변에 비슷한 크기의 건축물이 같이 들어서는 경우는 안정되지만 홀로 웃자란 보리처럼 독자적으로 서 있는 경우는 풍수에서 경계한다.

고층 아파트의 경우는 여러 채가 같이 올라가 전체적으로 보면 비슷한 높이의 건축물이 들어서 나무들이 숲을 이루듯이 안정되어 있다. 고층건물이 빌딩 숲을 이루면 안정되지만 도시나 국가적인 랜드마크로 우뚝 선 건축물은 풍파를 겪게 된다. 서울 강남에 롯데월드타워가 들어서 있다. 신격호 회장에게 롯데월드타워 건축의 자문을 요청받았을 때 냉정하게 랜드마크는 좋지 않다고 단언했다. 하지만 신격호 회장은 확고한 생각을 가지고 있었다. 일본에서 성공한 자신의 자부심을 한국에 보여줄 수 있는 상징적인 건물을 하나 갖고 싶어 했다.

세계적으로 보면 현재 가장 높은 건물은 두바이의 부르즈 할리파Burj Khalifa다. 세계적인 명물이 되어 있다. 최고 상징성은 사람에게 일등주의를 심어준다. 그리고 남보다 우월하다는 것은 힘의 원동력이 된다. 무려 높이가 828m다. 층수는 163층, 특히 영화 미션 임파서블4에 등장하면서 알려진 빌딩이다.

다음으로는 중국 상하이타워다. 상해 야경의 중심이 된 대표성을 지닌 건물이다. 높이는 632m, 층수는 128층이다. 사우디아라비아에도 세계적으로 높은 건축물이 있다. 알베이트 타워Abraj Al-Bait Clock Tower다. 세계에서 가장 큰 호텔이기도 하다. 높이는 601m, 층수는 120층이다. 특별한 점은 빌딩이 하나가 아니라 총 7개의 건물로 연결된 빌딩이다. 세계에서 가장 넓은 건물이기도 하다. 같은 랜드마크지만 평면으로 바탕을 튼튼하게 다진 후에 주변부에 높은 건물을 에둘러 호위하는 형태로 올린 후 가장 높은 건물은 한가운데에 두었다. 독야청청한 다른 빌딩처럼 지어지 않았다는 점이다. 풍수에서는 안정된 건축물로 본다. 삐쭉 혼자 올라간 건물보다는 호위하듯 주위의 건축물들이 받쳐주거나, 비슷한 크기의 건축물들이 함께 들어서야 한다. 현재 세계 4위를 유지하고 있는 중국의 핑안 파이넌스센터Ping An Finance Centre도 마찬가지로 옆으로 성을 쌓듯 기반을 다진 후 한가운데에 가장 높은 건물을 세웠다. 고층 건축물이지만 성 안에 망루를 세우듯 전체 건축물과 조화를 이루어 안정된 모습을 보여준다.

서울 잠실에 있는 롯데월드타워는 세계 5위다. 미국의 마천루에 있던 초고층 건물들이 이제는 5위 안에도 들지 않으니 세상의 변화를 알 수 있다. 롯데월드타워의 높이는 555m, 층수는 115층. 서울 시내의 상징적인 건물이면서 한국에서 가장 높은 건축물이다. 혼자 키가 큰 거인으로 서울 한복판에 우뚝 서 있다. 주변에 비슷한 크기의 건물이 없고, 롯데월드타워와 연결되어 호위하듯 받쳐주는 건축물도 없다. 이런 건물은 어려움을 당한다. 그래서 롯데의 신격호 회장에게 홀로 우뚝 선 건물을 짓지 말라 했지만 신격호 회장은 인생을 바쳐 일구어 온 롯데라는 굴지의 그룹을 상징하는 건축물을 서울 한복판에 우뚝 세우고 싶어 했다. 주변에 비슷한 높이의 건물을 지어 서로 감싸며 지었으면 좋겠지만, 터가 좁아 그럴 만한 여유가 없었다. 그것이 아쉬웠다. 도시의 한가운데나 벌판의 한가운데에 우뚝 선 상징적인 건물들의 경우 하나같이 입주자·경영자들이 어려움에 처했다.

롯데월드타워 역시 마천루의 저주에서 예외는 아니었다. 우연한 일치라고 할 수 있지만 제2롯데월드타워 완공 직후 총수 일가에 대한 비자금 수사를 시작으로 그룹의 주가와 회사채 등급이 타격을 받았다. 사드 문제로 다시 골머리를 앓고 있다. 마천루의 저주. 과연 롯데만의 우연의 일치인지, 아니면 이제 자본주의 선진국인 한국에도 본격적으로 마천루의 저주가 상륙한 것인지 확인하는 계기가 될 것이다. 롯데의 경우는 대기업으로서 안정된 경제력을 가지고 있으니 문제가 없기를 바라는 마음이다.

그런데 이런 현상은 기업에만 국한된 것이 아니었다. 풍수 경험상 도시의 한복판에 또는 지방의 경우 아파트가 홀로 우뚝 선 경우 입주한 사람들이 곤경에 처하는 것을 보았다. 입주자들이 자주 바뀌고, 입주한 상가의 주인이 자주 바뀌는 것을 확인할 수 있었다. 그리고 높은 건물들이 군락을 이루며 살고 있는 경우는 바깥쪽에 살고 있는 입주자들의 부침이 심했다. 아파트나 빌딩 군락의 경우에는 중심부에서 가까운 건물들이 안정되어 있고, 풍수상 길지다. 업무용 빌딩에서도 마찬가지로 중심에서 가까운 입주자들이 좋았고, 바깥쪽에 위치한 입주자들의 경우는 경영이 어려워 바뀌는 경우가 잦았다. 사소한 차이라고 느끼겠지만 전문적으로 의뢰를 받고 상황을 파악해보니 공통된 특성이 있었다.

물론 초고층 빌딩의 경우, 더구나 나 홀로 빌딩의 경우는 천문학적인 비용이 들어간다. 과정을 살펴보면 시작과 끝이 순탄하지는 않다. 초고층 빌딩의 설립 과정을 살펴보면 시중에 돈이 풀리기 시작하는 통화정책 완화 시기에 조성되어 완공시점에 가서는 경기 과열로 정점에 이르고 거품이 꺼지면서 결국 불황이 찾아온다는 것이 가설의 논리다. 하지만 서울 강남의 삼성타운 같은 곳은 비슷한 크기의 건물을 함께 건립해 초고층 빌딩 집단처럼 지어서 안정적이다. 다른 빌딩도 주위에 자리 잡고 있어 빌딩 숲을 이룬다. 집단을 형성하면 빌딩숲이 이루어져 나 홀로 쑥 올라온 건물이 아니어서 문제가 발생하지 않는다.

현대자동차의 경우 롯데와 다르게 주변의 건축물들을 함께 지으면서 중심에 가장 높은 건물을 지으면 안정된 건물이 될 수 있다. 홀로 우뚝 선 건물이 아니라 현대자동차의 작은 도시를 형성하면 안정적이고 어려움을 당하지 않을 수 있다. 국내에서도 하늘을 찌를 듯 높게 솟은 건물들이 갖가지 건축 관련 기록을 쏟아내면서 언론의 주목을 받고 있다. 그러나 지금은 그런 초고층 건물들이 굴욕의 상징으로 전락하고 있다. 초고층 건물 건설업체들이 상장 폐지되거나 경영진 자살, 경영권 분쟁, 검찰수사 등 온갖 악재에 시달리고 있는 경우가 잦다. 분양 실적이 최악인 탓에 분양 받은 물건을 손해 보고 다시 내놓는가 하면, 아예 분양 계획조차 세우지 못하고 금융비용만을 떠안는 사례가 줄을 잇고 있다. 이른바 마천루의 저주다. 초고층 건물을 올린 나라와 기업마다 어김없이 위기나 불황에 시달렸다. 초고층빌딩을 올린 비용으로 인한 경영난도 있겠지만, 풍수적으로도 홀로 우뚝 선 건물을 짓는 것은 자제해야 한다. 사람이 두루두루 함께 살아가야 하듯, 건물에도 독야청청獨也靑靑 하며 살아가기는 힘든 법이다.

# 서향은 서서히 기울어간다

 방향도 영향을 준다. 서향집은 나쁘다. 해가 기울 듯 서서히 기울어간다. 여기서 서향이란 집이 바라보는 방향을 말한다. 대표적으로 방향을 확인하는 것이 집이나 건축물의 출입문이고, 다음으로 집이나 건축물의 대문이다. 한옥의 경우에는 단독 채가 여러 개로 구성되어 있다. 단독 채별로 입구가 따로 있다. 그리고 여러 채로 구성된 담장 안으로 들어가는 대문이 있다. 단독 채별로 입구문의 방향을 보고, 전체 담장으로 구성된 입구인 대문의 방향을 두 번째로 본다. 아파트의 경우는 동별로 들어가는 문이 대문이고, 호별로 들어가는 문이 출입문이다. 출입문이 우선이고, 다음으로 대문을 두 번째로 본다.

 서쪽을 바라보는 사옥에 대한 오랜 이야기가 전해진다. 오래전부터 전해오는 이야기다. 마을을 이루고 살아가는 사람들에게 전해지던 이야기지만 현대의 사옥들에도 그대로 적용된다. '서향 사옥을 쓰면 흉한 일이 생긴다.'는 것이다. 실제로 많은 서향 사옥을 가진 기업들이 문을 닫았다. 앞서 설명한 바와 같이 경매에 나오는 건물의 90%가량이 배산임수를 어긴 거꾸로 된 집이었고, 나머지 5% 정도는 서향집이었다는 이야기를 했다. 배산임수를 어기면 영향력이 커 짧은 기간에 어려워지고, 서향 건물의 경우는 영향이 적지만 서서히 기울어가는 것을 확인할 수 있다. 배산임수를 어긴 경우는 급격하게, 서향의 경우는 완만하게 가세가 기울어간다. 기업의 경우는 경영난에 빠지게 된다.

대표적으로 서울역 맞은편에 위치한 서향 빌딩에 입주한 기업들이 잇따라 쓰러졌다. 대우그룹은 외환위기를 맞아 해체됐고, 벽산건설도 재무위기를 맞았다. 갑을빌딩을 사옥으로 쓴 갑을방직도 문을 닫았다. 서울 남영동에서 서향 사옥을 쓰던 해태도 위기를 겪었다. 서울역 인근 동자동에 있는 30층 높이의 '아스테리움 서울'에는 코끼리상이 설치돼 있는데 서쪽의 호랑이 기운을 막고자 마련되었다고 한다. 기업들이 서향 건물을 기피하는 이유가 있다. 지는 해의 방향이라 사업체도 기울게 된다는 생각 때문이다. 집을 지을 때도 서쪽보다 남향과 동향을 선호한다.

조금 더 살펴보자. 서울 용산에서 시작된 서향 사옥에 대한 이야기가 이어졌다. 실제로 도산하거나 파산한 사옥이 대부분 서향으로 된 건물에 입주한 그룹들이었다. 서울역 근처는 삼성그룹 창업주인 고 이병철 회장과도 밀접한 관련이 있다. 이병철 회장은 사옥 건립을 앞두고 서울역 맞은편은 터의 기운이 좋지 않다는 풍수 전문가들의 조언을 받아 사옥 후보지에서 제외시켰다. 서울역 주변에서 서쪽을 바라보는 건물을 가진 기업은 어려워진다는 설이 있었다. 속설은 서쪽을 바라보며 자리 잡은 대우의 몰락으로 실현되었다. 대우가 무너진 후 같은 건물을 사용했던 금호그룹 역시 경영이 어려워졌다. 바로 옆에 자리를 잡은 STX그룹도 초고속 성장을 거듭하다 실적과 자금난을 겪으며 해체됐다. 서울역 맞은편에 있던 벽산건설 역시 무너졌다. 배산임수를 어긴 건물보다는 영향이 느리지만 서향으로 건물을 지을 경우 느리게 어려워진다. 진행 속도가 빠르지는 않지만 어려움을 겪는다.

비보책神補策으로 건물에서 핵심적인 인물의 자리는 동쪽으로 두는 것이 좋다. 밝은 기운을 받으면 사람도 밝아지고 진취적으로 바뀐다. 해가 기우는 것을 계속 보고 있으면 사람도 감성적으로 변한다. 환경의 영향을 받을 수밖에 없다. 두 개의 건물을 나란히 올린 사옥이라면 당연히 최고 책임자의 집무실을 동쪽으로 두어야 활력이 넘치고 근무의욕도 생긴다.

사례로 LG그룹의 여의도 트윈타워의 회장 집무실은 동관에 있다. 서울 양재동의 현대자동차 사옥도 정몽구 회장 사무실을 동관에 위치시켰다. 집을 지을 때 건물을 대지의 서쪽에 몰아서 짓고, 동쪽은 가급적 넓게 비워서 뜰로 사용하는 것이 상식이다. 즉 큰 도로가 있는 서쪽을 등진 채 반대쪽에 출입문이나 현관을 만들면 소음과 공해가스가 집 안으로 들어오는 것을 차단하고 강한 저녁 햇살을 피할 수 있어 좋다.


도로가 서쪽과 접한 땅이라면 건물을 서향으로 짓지 말고 도로를 등지고 동향으로 지어야 풍수에 맞는다. 대지 동쪽에는 반드시 진입로가 필요하다. 서향 빌딩들은 대부분 서쪽에 접한 대로변에 위치하고 있어 정문이 서쪽을 향한다. 도로를 편리하게 이용할 수 있어서 좋지만 문제가 발생한다. 서향집이 되기 때문이다. 풍수에서는 감응한다는 말을 자주 한다. 살아가는 과정에서 연관된 것들이 사람에게도 영향을 준다는 이론이다. 뜨는 해의 영향을 받는 것과 지는 해의 영향을 받은 것에는 상당한 차이가 있다. 뜨는 해는 활기가 넘치는 반면 지는 해는 감성적으로 쉬거나 접는 마음이 들게 한다. 풍수는 자연이 주는 영향이 사람의 마음뿐만 아니라 공존하는 것들에 영향을 준다고 믿는 학문이다.

# 큰 도로에 상가나 집터를 사지 마라

집을 편리함을 기준으로 구입하는 경향이 있다. 교통과 주거환경을 고려해서 산다. 하지만 집이 한 사람의 인생을 살아가는 데 중요한 역할을 한다는 것에는 관심이 없다. 인생이 풀리고 막히는 원리가 집에 있다는 것을 아는 사람은 드물다. 하지만 집에 의해서 그 집에 살고 있는 사람의 운명도 영향을 받는다는 놀라운 진실이 있다.

사람이 살고 있는 집을 양택이라고 하며, 죽어서 산에 묻힌 자리를 음택이라고 한다. 양택은 태양의 양기를 받지만 음택은 땅의 지기를 받는다는 의미다. 양택과 음택은 산과 물의 흐름을 보고 읽는다. 몰라서 놀라운 것이다. 알고 나면 너무 확연한 원리지만 모르니 신기하고 놀라울 수밖에 없다. 배산임수背山臨水와 장풍득수藏風得水가 풍수의 근간을 이루는 원리다. 최소한 근원을 이루는 원리는 지켜야 한다. 배산임수와 장풍득수를 지킨 집이 의외로 적다.

우선 집을 살 때 고려해야 할 기본원리를 지키기에도 문제가 있는 터가 있다. 아무리 집을 잘 지으려고 해도 이미 문제가 있는 터다. 대표적인 것이 큰 도로를 개설하면서 문제가 생긴다. 지방에 도로를 놓을 때 도로를 북돋아서 높게 만든다. 주위의 지면보다 높게 길을 만들어서 길옆에 바로 집을 지을 수 없다. 도로와 같은 높이로 흙을 채운 다음 건물을 올리게 된다. 대문은 당연히 도로 쪽으로 내게 될 수밖에 없다. 이렇게 되면 도로 방향으로 문을 내고 건물을 짓게 되어 건물 뒤는 절벽처럼 남게 된다. 건물 앞은 높고 건물 뒤는 푹 꺼져서 배산임수의 반대 현상이 생기게 된다. 건물 앞이 낮고, 건물 뒤가 높아야 하는데 반대가 된다. 배산임수에 역행하는 전형이다.

풍수에서 배산임수를 지키지 않은 폐해는 크다. 배산임수를 지키지 않은 건물이나 집은 제대로 되는 경우가 드물다. 새로 개설된 도로 옆에 지어진 건물들은 제대로 장사가 되는 곳이 없다. 대지 앞에 도로가 생기면 땅값이 올라 고마운 일이지만 대지에는 풍수상으로 문제가 발생한다. 큰 도로를 접하고 있는 건물의 경우, 더구나 차들이 속도를 내며 달리는 경우에는 문제가 더욱 심각해진다. 요즘 유행하는 필로티 형 건물 구조도 문제다. 1층을 기둥만 남기고 텅 비게 지어 주차장으로 사용하거나 창고 등으로 이용하기 쉽지만, 풍수상으로는 좋지 않다. 바람 잘 날이 없는 집과 같이 어려운 일이 계속 이어서 온다. 외관을 멋있게 만들기 위해 건물의 한 부분이 뚫린 모습이거나 일층을 뚫린 모습처럼 사용하는 것을 경계해야 한다. 사람의 얼굴을 관상이라 하듯, 건물이나 집의 모양을 가상家像이라고 한다. 사람의 얼굴도 반듯한 것이 좋듯 가상도 반듯한 것이 풍수상으로 좋다. 사람의 관상을 보고 성격과 운세를 예측하는 사람들이 있다. 마찬가지로 집의 모양인 가상을 보고 건물의 운세를 예측한다.

　그런데 묘하게도 건물주를 보면 건물의 모양과 닮아있는 것을 확인하게된다. 건물이 유럽의 고딕 양식처럼 뾰족뾰족하게 생긴 경우 주인을 보면성격이 정말 뾰족뾰족한 경우가 많다. 관심을 가지고 보면 신기할 정도로일치한다. 일도 부드럽게 진행되지 않고 가상家像대로 뾰족뾰족하게 안 풀린다. 주인의 성격대로 집을 지어 가상이 주인을 닮기도 했겠지만, 가상이 안에 살고 있는 사람의 마음을 움직여 그렇게 되기도 한다. 까칠한 사람은 인생도 까칠하다. 주위의 사람들과 부딪히며 살기 때문에 분란을 몰고 다닌다. 마찬가지로 날카로운 모양을 가진 건물에 살면 심성도 닮아간다. 예를 들어, 날카로운 유리가 깨진 채 대문 앞에 있으면 그것을 볼 때마다 심성도 날카로워진다. 우는 아기를 만나면 걱정이 되고, 울음이 길어지면 마음의 평정을 잃게 된다. 반면 웃는 아기를 만나면 자신도 모르게 함께 웃게 된다. 자주 만나는 것들과 자신의 마음도 닮아간다.


　가상家像은 현대그룹의 건물처럼 반듯하거나 삼성의 경우처럼 직사각형모양으로 안정된 것이 좋다. 건물을 예술적인 모양으로 비틀어 짓거나, 기하학적인 모양으로 짓는 것은 좋지 않다. 균형 잡힌 안정적인 모양으로 건축되어야 하며 터도 반듯하게 사각형이 좋다. 부득이하게 각이 질 경우 각진 부분에 화단이나 조형물을 설치해 전체와 조화가 이루어지도록 만들어주어야 한다.

# 골짜기도 좋은 자리일 때가 있다

집에서 마당은 여자고, 옥상과 지붕은 남자다. 옥탑이나 옥상에 채소나 원예를 재배하면 남자가 어려워진다. 옥상을 만들지 않고, 지붕으로 마무리하는 것이 좋다. 또한 마당에 연못을 2/3 이상 파면 여자가 병이 나거나 죽을 수 있다. 실제로 주의를 줬으나 그대로 유지해서 죽은 것을 봤다. 마당의 상당 부분을 연못으로 만들어놓고 오랫동안 한 집에서 사는 경우 안사람의 건강상태나 안위를 확인해보라. 병이 걸려있거나 사망한다.

산은 일정한 기운을 가지고 있고 변화하지 않지만 언뜻 이해되지 않는 터가 있다. 골짜기는 풍수에서 가장 멀리해야 할 공간이다. 집터나 묏자리 어느 것으로도 쓸 수 없는 터다. 하지만 골짜기에 터를 써서 잘되는 것들이 있다. 믿기 어렵지만 사실이다. 정신병원·기도원·요양원은 골짜기에 자리 잡은 것들이 잘된다. 이유는 단순하다. 정신병원이나 요양원에 오는 사람들은 이미 정상이 아니다. 이들은 숨어들려는 경향이 강하다. 밝은 곳보다는 음습하고 구석진 곳을 찾는다. 실제로 전국을 다니면서 본 결과 골짜기에 지어진 용인정신병원이나 할렐루야 기도원 같은 곳이 잘 운영된다.

비슷한 원리도 있다. 석양빛으로 기울어가고 있을 때 찾는 것들이 있다. 술집이다. 술집은 큰길가보다 후면도로에 위치한 술집이 더 잘된다. 풍수는 사람의 기운이 작용하는 것을 자연과 연계해서 분석하고 해결점을 찾는 학문이다. 술을 마실 때 환한 곳을 선호하지 않는다. 어둠이 찾아오기 시작하면 쓸쓸해지면서 술집을 찾는다. 사람의 마음을 그대로 적용해서 동질의 기를 만들어주는 것도 풍수의 하나다. 양택의 경우는 더욱 그렇다.

비슷한 용도의 건축물이라도 반대인 경우가 있다. 호텔의 경우는 드러내놓고 들어가는 공간이라 환하고 밝은 기운이 도는 곳에 자리를 마련해야 잘 되고, 러브호텔의 경우는 산이 적당히 가려준 자리를 잡아야 사람이 찾는다. 풍수의 역설이라고 할 수 있다.

그리고 집에도 지리가 있다. 사업을 하는 사람이었는데 집을 봐달라고 해서 감정을 갔다. 딸의 자리에 아들이 기거하고 있었다. 딸에게 문제가 생길 것 같으니 아들의 자리로 옮기라고 했다. 방만 옮기면 되는 일이었다. 하지만 방을 옮기는 사소란 일이 불상사를 불러오게 된다. 얼마 후에 연락이 왔다. 딸이 자살했다고 했다. 그러면서 나를 원망했다. 그렇게 심각한 것이라면 강하게 이야기하지 그랬느냐는 원망이었다. 물론 심정적으로는 이해한다. 하지만 교회 다니는 사람에게 절에 가라고 하면 갈 사람이 있을까. 마찬가지로 절에 다니는 불교신자에게 기독교로 개종하라고 하면 바꾸지 않는다. 마찬가지다. 어떠한 권고도 믿는 사람에게만 들린다.

자연의 원리대로 이루어지는 것을 찾아서 읽어주어야 한다. 풍수는 자연의 원리를 인간에게 적용하는 학문이다. 자연의 원리를 인간에게 유리

하게 적용시킬 수 있는 방법을 찾으려면 인간의 마음의 흐름도 적용시켜
야 한다. 인간도 자연의 일부이고 자연에 순응하며 살아가야 하는 존재다.
인간의 심리를 자연에 적응시키는 것도 중요한 풍수의 하나다.

# 상가의 경우 속이 깊은 상가가 좋다

일반인들은 상업용 건물을 구입할 경우 도로에 인접한 면적이 넓은 곳을 선호한다. 광고효과도 좋게, 전시효과를 보기 위해서다. 하지만 실제로 장사가 잘되는 터가 어떤 터인가 조사해보면 의외로 도로와 접한 면적이 적은 터다. 부연설명하면 입구에서 들어가면 속이 깊은 상가와 입구 방향이 도로와 접한 면적은 넓으나 안으로 들어가면 속이 짧은 것 중에서 통계를 조사해보면 속이 깊은 상가가 장사가 더 잘된다.

상업용 건물은 한 면 이상이 도로에 접해 있다. 도로에 접한 벽면에는 유리를 설치해서 물건을 전시하는 공간으로 만들어 지나는 사람들의 구매욕구를 불러일으키도록 시설이 되어 있다. 도로에 접한 건물 길이가 길면 전시공간을 넓게 만들 수 있고, 전시되는 물건도 다양하게 전시할 수 있다. 또 좋은 점은 도로와 접한 면적이 넓어 상가를 여러 개로 분리할 수도 있다. 일반적으로 도로와 접한 면적이 넓을수록 사업상 유리한 것으로 생각한다. 당연히 상가 건물을 신축할 때에도 도로에 접한 면적을 넓게 만들려고 한다.

일반적인 상식과는 달리 실제로 조사해보면 속이 깊은 상가가 장사가 더 잘된다. 이유는 이렇다. 풍수로 볼 때 전시장이 넓고 깊이가 얕은 상가는 일반적으로 생각하는 것처럼 장사가 잘되지 않는다. 장사가 잘되는 상가는 전면 가로 폭보다 세로 깊이가 깊은 점포다. 밖에서 봤을 때는 전시장이 적고, 전시장이 짧기 때문에 작은 점포로 보인다. 일단 점포에 들어서면 후면 깊은 곳까지 물건이 쌓여 있어 고객에게 안정감을 주고 구매 욕구를 불러일으킨다.

반면 전시장 가로 폭이 긴 점포는 지나면서 보기에는 일단 구매 욕구를 불러일으키나 점포에 들어서고 나면 내부 깊이가 짧으므로 물건이 많지 않고, 물건을 보기 위해서는 전시된 쇼윈도 쪽을 바라보게 된다. 안정감을 잃어버리고 도리어 실망하게 된다. 사람도 철학이 깊은 사람과 이야기하다보면 점점 빠져들게 한다. 하지만 깊이가 없는 사람과 이야기하다 보면 이야기가 지루해진다. 상가도 다르지 않다. 깊이가 얕은 상가의 경우는 들어올 때 기대한 만큼 실망하게 된다. 하지만 속이 깊은 상가는 입구에 들어올 때 기대한 것 이상이 안에 있기 때문에 마음에 안정감이 생기고 구매욕구가 살아나게 된다.

산도 마찬가지다. 기운이 모이는 산은 깊이가 깊은 데 반해, 깊이가 얕은 산은 기운이 모이지 않는다. 사람의 마음은 자연에서 그대로 적용된다.

자연 상태에서나 인위적으로 꾸며 놓은 것이나 원리는 같다.

식당이나 카페는 많은 사람들이 드나드는 곳이다. 도로변에 길게 늘어선 듯 생긴 식당은 비록 외부에서 보기에는 규모가 크게 보이는 장점이 있지만, 실제로는 내부에 기운이 모이지지 않아 사람이 적다. 식당이나 카페는 들어가서 마음이 편안해야 한다. 들어가 앉았을 때 안도감이 들고 마음이 넉넉해져야 하는데 깊이가 낮은 곳에 앉아 있으면 마음이 안정되지 않는다. 아늑함이 아니라 불안한 느낌을 갖게 한다. 다시 찾고 싶지 않은 느낌을 갖게 한다.

다른 공간 형태와 마찬가지로 식당이나 카페도 내부 공간에 생기가 모아져야 한다. 그러려면 깊이가 깊어야 한다. 따라서 식당이나 카페의 홀 평면 형태는 정사각형 혹은 직사각형으로 깊이가 깊은 방향으로 가게를 앉혀야 좋다.

상업용 상가의 형태는 다양화되고, 인테리어 방법도 기발해지면서 새로운 형태를 보여주고 있다. 하지만 기본원리는 같다. 가령 식당의 형태나 종류가 달라도 주방이나 현관의 위치는 잘 결정되어야 한다. 식당의 경우 주방의 위치가 가장 중요하다. 주방은 당연히 깊은 곳에 위치시켜야 한다. 주방의 위치로 좋은 곳은 문에서 들어갔을 때 오른쪽 깊은 곳이 적당하다. 주방에서 전체를 관망하기에도 그렇고 음식을 안에서 바깥쪽으로 내어오는 편이 심리적 안정감을 준다. 주방이 입구나 측면에 있을 경우 음식을 안에서 내어오는 것보다 심리적으로 안정되지 않는 약점이 있다.

또한 식당이나 카페의 창문을 크게 하는 것이 일반화되고 있다. 시원하게 트인 창은 안팎으로 바라볼 수 있는 장점이 있고, 항시 햇빛을 받아 실내가 환하게 되는 장점이 있다. 하지만 호텔의 커피숍처럼 넓은 경우를 제외하고 일반 카페의 경우나 식당에서는 창이 지나치게 큰 것이 좋지 않다. 넓은 면적에서는 창문을 크게 해야 시원하고 관망할 수 있어서 좋지만, 면적이 좁은 일반적인 식당이나 카페에서는 전면을 유리로 할 만큼 공간이 확보되지 않기 때문이다. 이렇듯 좁은 공간에 유리창을 크게 만들면 안에 있던 기운이 외부로 빠져나가 내부 기운이 약해진다. 면적이 좁은 식당이나 카페는 개방된 유리의 하단을 막아주어 기가 안에 모이도록 해야 한다.

에필로그

'이보다 더 쉽게 쓸 순 없다.'

풍수는 하늘과 땅과 인간 사이에 관계하는 에너지(기)의 흐름을 경험적 토대위에 통계라는 수리적 방법으로 파악하고 해석하는 생활과학임에도 불구하고, 비합리적이니 비과학적이니 하며 미신 또는 민간의 떠도는 풍습 정도로 잘못 인식되어 왔고 여전히 그 인상을 그대로 답습하고 있는 현실이 너무나 안타깝다.

'건강이란 단지 질병이 없거나 허약하지 않을 뿐만 아니라 육체적, 정신적, 사회적 및 영적 안녕이 역동적이며 완전한 상태이다.'

이라고 한, 세계보건기구가 1998년 건강에 대한 개념을 선포한 문구에서 보듯이, 그 동안 계수적인 과학적 증명이 전무하고 애매모호하다는 이유로 외면하고 등한시해 왔던 '영적 영역'으로까지 과학의 범위를 확장하며 '보이지 않는 것'에 대해서도 중요하게 여기게 되었다. 이미 모든 물체엔 끌어당기는 힘이 있다고 주장한 뉴턴의 만유인력의 법칙은 바로 에너지(기)의 흐름을 단순명쾌하게 요약한 것이라 할 수 있다. 그러나 '보이지 않는 힘'은 그가 내놓은, '질량의 크기에 비례하고 거리의 제곱에 반비례한다'는 공식에 적용할 순 없다 해도 엄연히 존재하는 힘인 것은 분명하다.

풍수에서는 만유인력에서 더 한 발짝 진일보하여 물체와 물체만이 아닌 물체(자연)와 인간(또는 모든 생물) 사이의 에너지(기)와 그 사이의 흐름을 파악하려고 한다. 다시 말해서 풍수를 배우고 이해한다는 일은 자연과 인간과의 관계에서 생기는 에너지(기)의 흐름을 터득하고 체득해가는 과정이다. 따라서, 자연을 떠나서 인간이 살 수 없듯이 인간과 떨어질 수 없는 자연의 힘에 대한 진솔한 관심과 믿음에서부터 풍수는 시작된다.

"풍수는 인간을 위한 과학"

지관은 땅의 형세와 지기를 읽음으로써 그 땅에 사는 사람이 살아 온 과거를 맞추고 앞으로의 일을 예견하는 풍수가를 일컫는 말이다. 사람은 누구나 생의 족적을 남기기 마련이다. 그리고 그 자신이 살아 온대로 묻히게 되어 있다. 땅에는 반드시 주인이 있다. 거듭 강조하지만, 사람은 남을 속이고 거짓말은 하지만 자연은 절대 거짓을 행하지 않는다. 살아서 선한 업을 지었으면 좋은 자리에, 그렇지 않으면 나쁜 자리에 들어가게 되어 있는 것이 풍수의 원리이며 이치다. 수맥을 찾는 기계나 도구를 이용하여 마치 도사인 양 연출을 하고 풍수지리를 한다면 미흡함이 적지 않을 것이다. 국내에 나와 있는 수많은 풍수지리에 대한 서적은 그적 일목요연하기만 할 뿐 핵심이 없다.

풍수의 논리대로라면 인간의 운명은 반드시 땅에서 온다. 그리고 땅을 관할하는 지관이라면 인간의 운명까지도 바꿔줘야 한다. 그런데 그렇게 능력 있는 지관이 과연 얼마나 될까? 풍수가들 중에서 감언이설로 남을 속이고 이득을 취하려고하는 자가 적지 않다. 그러나 지관은 과거를 알아 맞히는 것보다 좋은 자리를 잡아 줌으로써 그 사람의 운명과 살아가는 모습을 지켜보며 연구하는 자세를 가져야 한다. 자신의 언행에 끝까지 책임을 져야 하는 것이다.

풍수지리는 신비한 학문이 아니라 자연과학이다. 음택이나 양택을 보면 그 사라의 과거와 미래를 알 수 있다. 그러므로 풍수지리는 자연을 볼 수 있는 눈과 한글만 읽을 수 있는 수준이 된다면 남녀노소 누구나 할 수 있는 학문이라고 다시 강조하는 바이다. 다시 말해 어렵게 쓰인 시중의 많은 풍수책들은 인간을 오히려 미혹하게 만들기 십상이다. 많은 사람들에게 아직도 미신취급을 받고 있는 이 학문을 널리 알리고, 최소한 풍수에 대한 기본 상식이라도 알게 하여 이로 인해 피해는 보지 않았으면 하는 게 저의 바람이요 소망이다. 이런 이유로 이 책을 가능한 풍수를 이해하기 쉽도록 쉽게 쓰려고 했다. 또한 되도록 많은 사람들이 풍수지리를 제대로 알아서 실생활에 도움을 얻기 바라는 마음에서 그림을 통해 여러분에게 풍수에 대한 친밀감을 높이려고 했다.

이 책을 통해 독자 여러분들이 얼풍수가 아닌 풍수의 딜레탕트(아마추어 애호가)가 되길 진심으로 기대한다.

조광 시공간연구소 **조 광**

내가 내가 죽으면


내가 내가 죽으면 어디에다 묻을꼬
내가 내가 죽으면 누가 나를 묻을꼬
내가 내가 죽으면 누가 울어줄까나
세상살이 헛살아 나 죽으면 웃겠지
내가 내가 죽으면 우리엄마 울겠지


평생 울어 눈 가린 우리엄마 울겠지


내가 내가 죽으면 우리아기 울겠지
고생 고생 지치신 우리아비 울겠지
내가 땅에 묻히면 무슨 말을 할까나
못할 말만 했으니 입을 어찌 열까나

내 눈 어찌 뜰까나 못볼 것만 봤으니

이리저리 헤매다 바닷가에 뿌릴꼬

내가 내가 죽으면 우리 부모 울텐데

이 몸 하나 잘 팔아서 고기 반찬 드려야지


내가 내가 죽으면 어디에다 묻을꼬

이내 썩어 빠진몸 바닷가에 뿌려주오

우리 엄마 묻히신 그 바닷가 뿌려주오

우리 엄마 묻히신 그 바닷가…

그 바닷가  뿌려주오…


(박철 노래 중에서)


고개를 들어 요즘 세상을 둘러보면, 특히 존경해야 할 사람들인 종교인이나 정치인들은 국민들이 보이지 않는 곳에서는 물론 보이는 곳에서마저 버젓이, 연출된 거짓으로 진실을 가리고 덮으려 한다.

개인적으로, 나는 하나님을 믿지만 하나님을 믿는 자를 믿지 않는다. 역시 부처님도 믿지만 부처님을 믿는 자를 믿지 않는다. 하나님도 부처님도 그들에게 그저 이용가치의 대상으로 보고 있는 것 같아서이다. 안타깝지 않을 수 없다.

사명감을 우선 가지고 있어야 할 정치인들은 사명감은 커녕 자기 이익에만 몰두하고, 아는 지식을 실천에 옮겨야 할 지식인들은 그 알량한 지식으로 그들보다 덜 알고 부족한 선량한 국민들을 우롱하며 역시 자기이익에만 혈안일 뿐이다. 국민은 그들을 믿고 싶지만 오히려 혼란스럽게 하여 정신을 혼미하게 하고, 진실인 양 거짓을 선동한다. 또 속고 또 실망하는 순한 양들인 우리 국민들.

대다수 사람들은, 자연처럼 언제나 변하지 않고 진리와 진실을 추구하는 세상이기를 한시라도 포기하고 체념한 적은 없다. 그러나 이 시대는 거짓으로 연기 잘하는 연출된 자가 잘 사는 세상이 되어가고 있다.

이러할수록, 더더욱 무변의 자연이 더 그립고 불변의 자연에 더 의존하게 된다. 땅은 거짓을 하지 않는다. 우리가 살아 밟고 죽어 묻힐 땅처럼, 거짓 없는 진솔한 이들이 잘 사는 세상이 되면 좋겠다는 작은 소망을 가져본다. 이 소망은 이뤄질 것이다. 그래도 그래도 세상은 착한 이들이 더 많을 터이니… 이 마음으로 이 책을 낸다.

산의 원리와 인간사를 꿰뚫는
풍수 과학자 조광 저자의 혜안을 통해
함께 세상을 내다보시기 바랍니다

권선복

| 도서출판 행복에너지 대표이사

서양의 과학은 합리주의와 이성주의를 기반으로 발달해 왔습니다. 거친 자연에 저항하며 인간 본위로 개척과 개발을 추구해 온 그들에게는 우리보다 한참이나 먼저 자연을 도전과 지배의 대상으로 바라보던 문화적 관습이 몸에 배어 있었습니다. 그래서인지 서양에는 풍수학이라고 할 만한 것이 그다지 없었고, 오히려 서구 과학을 도입한 우리의 경우 그 영향으로 전통적인 풍수사상을 도외시하거나 비과학적 미신이라 치부하기도 했던 과거가 있습니다.

그런데 최근 서양에서 도리어 풍수가 유행하고 각광을 받는다고 합니다. 이게 무슨 일일까요?

물론 기독교 문화 때문에 사람을 산에 묻는 전통이 희박한 그들에게 우리와 같은 음택 사상이 발달했을 리는 없을 것입니다. 대신 생활의 각 영역마다 사소한 인테리어 하나하나에 과학의 원리가 접목된 풍수사상이 파고들고 있습니다. 심지어 요즘은 뉴욕에 거주하는 미국인도 풍수를 따져서 집을 구입하는 세상이라고 합니다.

풍수는 인간을 둘러싼 자연과 그 일부로 살아가는 사람 간에 최적의 조화를 이루며, 자연으로부터 좋은 영향을 받기 위한 과학적 원리입니다. 그리고 조상이 돌아가시면 산에 모시던 전통이 있는 우리에게 음택은 그 과학적 원리가 추구하는 정점에 있는 행위일 것입니다.

특히 우리 풍수의 특징은 생활공간을 인간에게 이롭게 배치하는 원리이자, 음택의 중요한 요체일 뿐만 아니라, 자연의 일부로 살아가는 인간 사회를 이해하는 합리적 근거이기도 하다는 점입니다. 그런데 조광 저자의 『땅의 운명』에는 이 음택 사상과 현대화된 공간 과학, 사회를 이해하는 사고적 틀로서의 풍수가 모두 담겨져 있습니다.

저자는 대수술을 마친 후 원고에 대한 애착을 보이며 내용을 깎고 다듬어 완성했습니다. 그리고 결국 『땅의 운명』의 출간을 보게 되었습니다. 병마도 꺾지 못한 그의 열정에 박수를 보내며, 이 책을 접하시는 독자들에게도 산을 통해 세상을 내다보는 밝은 혜안의 빛이 함께 퍼지기를 기원합니다.

# 행복을 부르는 주문

이 땅에 내가 태어난 것도
당신을 만나게 된 것도
참으로 귀한 인연입니다

우리의 삶 모든 것은
마법보다 신기합니다
주문을 외워보세요

나는 행복하다고
정말로 행복하다고
스스로에게 마법을 걸어보세요

정말로 행복해질것입니다
아름다운 우리 인생에
행복에너지 전파하는 삶 만들어나가요

'행복에너지'의 해피 대한민국 프로젝트!

<모교 책 보내기 운동> <군부대 책 보내기 운동>

한 권의 책은 한 사람의 인생을 바꾸는 힘을 가지고 있습니다. 한 사람의 인생이 바뀌면 한 나라의 국운이 바뀝니다. 그럼에도 불구하고 많은 학교의 도서관이 가난하며 나라를 지키는 군인들은 사회와 단절되어 자기계발을 하기 어렵습니다. 저희 행복에너지에서는 베스트셀러와 각종 기관에서 우수도서로 선정된 도서를 중심으로 <모교 책 보내기 운동>과 <군부대 책 보내기 운동>을 펼치고 있습니다. 책을 제공해 주시면 수요기관에서 감사장과 함께 기부금 영수증을 받을 수 있어 좋은 일에 따르는 적절한 세액 공제의 혜택도 뒤따르게 됩니다. 대한민국의 미래, 젊은이들에게 좋은 책을 보내주십시오. 독자 여러분의 자랑스러운 모교와 군부대에 보내진 한 권의 책은 더 크게 성장할 대한민국의 발판이 될 것입니다.

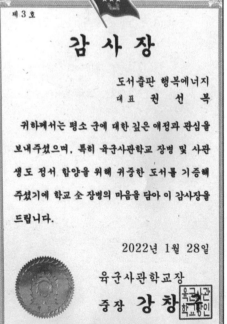